W0405834

AUDREY AKOUN & ISABELLE PAILLEAU

Audrey Akoun est thérapeute cognitivo-comportementaliste. Mère de quatre enfants atyptiques, elle s'est ensuite orientée vers l'accompagnement des enfants et de leurs parents.
Isabelle Pailleau est quant à elle psychologue clinicienne du travail et des apprentissages. Elle est également mère de trois enfants, eux aussi atypiques.
Ensemble, elles ont fondé La Fabrique à Bonheurs, organisme de formation en pédagogie positive, et écrit *Apprendre autrement avec la Pédagogie positive*, publié en 2013 aux Éditions Eyrolles.

VIVE
LES ZATYPIQUES !

ÉVOLUTION

Des livres pour vous faciliter la vie !

Sharon SALZBERG
Comment s'ouvrir à l'amour véritable
Apprendre à aimer, apprendre à s'aimer

Caroline WEBB
Comment passer une bonne journée au travail

Michael PUETT & Christine GROSS-LOH
La Voie
Comment la philosophie chinoise peut nous aider à tout repenser

Allen CARR
La Méthode simple pour se libérer de ses peurs et de ses inquiétudes
Apprenez à être pleinement présent

Catherine GUEGUEN
Heureux d'apprendre à l'école
Comment les neurosciences affectives et sociales peuvent changer l'éducation

Audrey AKOUN & Isabelle PAILLEAU
Vive les zatypiques !
Aidons nos enfants surdoués, hypersensibles, dys- et autres zèbres de 3 à 20 ans à s'épanouir

Catherine ALIOTTA
Pratiquer la sophrologie au quotidien
Une source de bien-être pour tous

Idriss ABERKANE
L'Âge de la connaissance
Traité d'écologie positive

Audrey Akoun
et Isabelle Pailleau

VIVE LES ZATYPIQUES !

Aidons nos enfants surdoués, hypersensibles, dys-, et autres zèbres de 3 à 20 ans à s'épanouir

LEDUC.S PRATIQUE

MIXTE
Papier issu de sources responsables
FSC www.fsc.org FSC® C003309

Pocket, une marque d'Univers Poche, est un éditeur qui s'engage pour la préservation de l'environnement et qui utilise du papier fabriqué à partir de bois provenant de forêts gérées de manière responsable.

Le Code de la propriété intellectuelle n'autorisant, aux termes de l'article L. 122-5, 2° et 3° a, d'une part, que les « copies ou reproductions strictement réservées à l'usage privé du copiste et non destinées à une utilisation collective » et, d'autre part, que les analyses et les courtes citations dans un but d'exemple et d'illustration, « toute représentation ou reproduction intégrale ou partielle faite sans le consentement de l'auteur ou de ses ayants droit ou ayants cause est illicite » (art. L. 122-4).
Cette représentation ou reproduction, par quelque procédé que ce soit, constituerait donc une contrefaçon, sanctionnée par les articles L. 335-2 et suivants du Code de la propriété intellectuelle.

© 2017 Leduc.s Éditions

ISBN : 978-2-266-28520-9
Dépôt légal : septembre 2019

INTRODUCTION

Un matin d'hiver, il y a trois ans, Sophie Carquain nous a téléphoné. Nous avions rencontré cette pétillante journaliste et auteure lors de la sortie de notre premier ouvrage *Apprendre autrement avec la Pédagogie positive.*
Sophie, qui, depuis, suivait avec enthousiasme notre Fabrique à Bonheurs, avait besoin de quelques conseils et surtout d'une écoute bienveillante au sujet de la situation scolaire quelque peu chaotique de son fils. Jeune homme charmant d'une vingtaine d'années, brillant et peu soluble dans l'univers scolaire, il était passionné de jeux vidéo en ligne, au point d'être devenu un vrai champion, à la tête d'un double compte Challenger et figurant parmi les cinquante meilleurs joueurs en Europe de son jeu de stratégie.
En parfait gamer, il passait le plus clair de son temps – après un réveil matinal à 14 heures – connecté à ses points de vie virtuels. Bien qu'ayant une grande confiance en les qualités de son fils et en son intelligence, Sophie se questionnait sérieusement sur son avenir. Allait-il devenir un geek ermite barbu, tee-shirt troué, gavé aux boissons énergisantes, sans avenir professionnel ? En résumé, le cauchemar de tout parent responsable. Après avoir rassuré Sophie, nous avons partagé nos soucis de parents : avoir hérité d'un brillant mais fort délicat (doux euphémisme) « Zatypique »… !
Quelques semaines plus tard, Sophie nous proposait de réfléchir à un livre sur les enfants atypiques et sur l'impuissance des parents face à un système

qui, reconnaissons-le, est inapte à les « gérer »… Cette demande répondait pleinement à notre quotidien de travail et à notre vécu personnel.

Nous avons toutes les deux des parcours singuliers. Après des études classiques, et parfois ennuyeuses, nous avons poursuivi notre route en entreprise. Nous ne nous connaissions pas à l'époque mais quelques années à ce rythme-là, et deux burn-out plus tard, nous avons décidé, chacune de notre côté, de reprendre des études en psychologie. Nous voulions retrouver une activité qui ait du sens à nos yeux.

Nous avons ouvert notre cabinet libéral à un immeuble d'intervalle, et comme la vie est bien faite et réserve de belles surprises, une amie commune a eu la bonne idée de nous inviter à sa table. Coup de foudre amical et professionnel, nous avons donc fait cabinet commun.

En 2012, nous avons créé La Fabrique à Bonheurs pour réenchanter les manières d'apprendre et de travailler. Nous croyons intimement qu'il est possible de vivre le travail comme une source d'épanouissement et de contribution optimiste et utile au monde. Au fil des années, nous nous sommes aperçues que la clé de voûte de cette approche de Pédagogie positive dépassait largement la simple question des apprentissages et du travail. Et finalement, aujourd'hui, notre mission s'est enrichie. Nous avons à cœur d'accompagner chacun sur le chemin de sa propre découverte, de son identité, de ses talents, de ses forces et de ses limites… de son bonheur.

Cette démarche est le fruit de notre propre cheminement : parfois chaotique, douloureux, lent, accéléré,

joyeux, triste, angoissant, excitant, atypique, à l'image de la vie, notre vie.
La Fabrique à Bonheurs attire des profils atypiques. Pourquoi ? Parce qu'ils se sentent en sécurité, libres d'être eux-mêmes. Parce qu'ils ne se sentent pas jugés pour ce qu'ils sont ou ne sont pas, en dépit des difficultés.
Il n'y a pas de recette miracle ou de poudre magique pour réussir cela. Nous mettons en œuvre au quotidien une approche douce et encourageante qui permet à chacun de se réconcilier avec lui-même et avec ce qu'il a d'unique et de singulier. Cette approche tête-cœur-corps s'appelle la Pédagogie positive.
Lorsque nous avons accepté d'écrire sur les atypiques, nous y avons vu l'occasion de nous questionner sur ces profils qui semblent poser encore plus problème aujourd'hui. Non pas qu'il n'y ait pas eu d'atypiques au siècle dernier ou même avant. Les Zatypiques d'autrefois s'appelaient des « cancres », des « originaux », des « fainéants », des « bons à rien » (ou mauvais à tout) et ils étaient rapidement orientés vers des filières pro ou sur le marché du travail qui pouvait facilement les intégrer.
Nous y avons vu l'occasion d'interroger aussi la prise en charge de ces enfants et adolescents qui parviennent à l'âge adulte avec des blessures indélébiles pour certains.
L'école ne parvient pas encore, de manière générale et malgré les adaptations possibles (PAP, PAI[1]...), à mettre en œuvre une proposition pédagogique, voire humaine, qui permette de se sentir « comme

1. PAP : plan d'accompagnement personnalisé ; PAI : projet d'accueil individualisé.

les autres » ou surtout « comme soi-même ». Le décalage entre la théorie et le terrain est malheureusement encore trop souvent un gouffre à combler.

Mais que signifie atypique ?

« Qui n'a pas de type déterminé. Qui est différent du type habituel. »

Si l'on se base sur cette définition, une personne atypique serait différente du type habituel. Mais qu'est-ce qu'un enfant typique ou de type habituel ?

Posons-nous la question. Quel est le plat typique de l'Espagne ? La paella ! De l'Italie ? Les pâtes ! Du Japon ? Les sushis, etc.

Quand nous voyageons, nous sommes rassurés de retrouver dans les restaurants de notre destination les plats typiques dont nous avons entendu parler depuis l'enfance.

Imaginez que vous arriviez au Portugal et que, après avoir écumé toutes les boulangeries de Lisbonne, vous ne puissiez trouver aucun pastel de nata (petit flan typique portugais). Quelle déception !

Nous avons été éduqués à trier, ranger, catégoriser, rassembler par type, étiqueter notre environnement. Pourquoi ? Parce que c'est plus pratique et plus rassurant. Le rangement par type permet de simplifier la complexité. Comment ? En accentuant les différences entre les personnes appartenant à des groupes distincts et en minimisant les différences entre les membres d'un même groupe. Ce processus cognitif s'appelle la catégorisation sociale.

Les enfants apprennent dès le plus jeune âge que les Américains sont tous des cow-boys qui mangent des hamburgers et boivent du Coca-Cola, que les Français ont un béret, une baguette de pain et picolent, que les Anglais sont coincés, ont une tête chevaline et jouent au polo, que les Canadiens sont des bûcherons et ont des grandes bouches, etc. Ils apprennent aussi qu'en Afrique, les gens sont noirs, vivent dans des huttes dans la savane et sont vêtus d'un pagne en feuilles de bananier tressées. Les garçons s'habillent en bleu et jouent au foot et les filles en rose et jouent à la dînette. Nous pourrions continuer indéfiniment. La musique, la gastronomie, la mode… Les stéréotypes sont partout.

Et nous les retrouvons bien évidemment dans l'éducation, à l'école.

L'école a été pensée pour un élève type. Cet élève idéal, qui correspond en tout point à l'idée que l'on se fait de lui. Son développement cognitif, affectif et psychomoteur est harmonieux et linéaire. Il acquiert les connaissances sans heurt, telle une éponge absorbante. L'élève dit « normal » comprend rapidement les codes sociaux de l'école : il est « sage comme une image », répond « en levant la main », respecte sa catégorie d'âge de développement, en un mot ne pose pas problème !

Combien d'entre nous ont déjà entendu cette fameuse phrase : « Il va bien falloir rentrer dans le moule, d'une façon ou d'une autre (entendez : par l'usage de la force ?). » Et nous nous retrouvons avec des enfants qui seraient « scolaires » et d'autres qui ne le seraient pas. Or, même en s'adaptant au mieux, combien sont-ils à être « scolaires » et à avoir un parcours linéaire tout en s'épanouissant harmonieusement ? Une chose est

sûre : les atypiques sont devenus au fil du temps de plus en plus nombreux. Et pour cause : plus on pose de diktats, plus on normalise, plus on étiquette… plus ceux qui sortent du cadre sont nombreux ! N'est-ce pas logique ?
Alors qui sont-ils ? Des enfants et des adolescents présentant des troubles des apprentissages comme ceux souffrant de dys-, de TDA/H, des enfants surdoués, des hypersensibles, des artistes, des bricolos, des sportifs, des gamers, et tous ceux qui ne parviennent pas à s'adapter au système scolaire classique. Tous ceux pour qui l'école ne parvient pas toujours, ou au prix de beaucoup d'efforts, à mettre en place une prise en charge équitable. Les atypiques sont ceux qui ont la sensation d'être LE PROBLÈME, de ne pas être capables de s'adapter, de ne jamais pouvoir réussir et qui arrivent fatigués en fin de parcours scolaire et parfois avant. Mais aussi ceux qui réussissent à faire illusion, qui font semblant d'être dans le moule mais au prix d'un ajustement qu'ils risquent de payer cher plus tard.
Ces Zatypiques, nous les suivons maintenant depuis presque quinze ans. Nous avons écouté et accueilli la douleur de ne pas rentrer dans le moule, le découragement, les inquiétudes face à un avenir qui semble bien noir. Nous avons aussi entendu la culpabilité de ne pas satisfaire la demande de l'école et d'être un « objet » de déception pour les enseignants et même les parents. Et pour les parents, nous avons vu l'impuissance de pouvoir accompagner leur enfant dans un système qui laisse peu d'espoir.
Mais nous avons vu aussi ces enfants révéler leur potentiel dès lors qu'ils sont reconnus pour ce qu'ils

sont, dès lors que leurs parents se raccrochent à la confiance infinie qu'ils avaient au début et commencent à soutenir leurs efforts, leurs progrès, même minimes, et leurs petites réussites de manière inconditionnelle. Malgré les informations facilement accessibles, il y a une réelle méconnaissance des différents fonctionnements, voire une résistance, qui n'aide pas à les voir autrement que comme des enfants défaillants. Nous souhaitons d'abord réexpliquer les caractéristiques communes des différents atypiques, les conséquences sur le parcours scolaire et le développement psychoaffectif.

Nous voulons ici défendre le droit d'être atypique. Arrêter de ne voir que l'aspect négatif du « problème » et se décaler d'un pas pour observer ce que chacun a d'unique, d'original, de merveilleux (voire de divin pour ceux qui croient). Partager notre approche de la psychopédagogie positive pour aider parents et enseignants à accompagner avec douceur et conviction l'épanouissement général de ces enfants et adolescents.

Nous aimerions enfin réinterroger le fait que nous nous coupons d'une grande partie de la population qui est créative, originale, prête à s'engager pour ce qu'elle défend, à faire avancer le groupe. Notre société n'a-t-elle pas, beaucoup plus aujourd'hui qu'hier, besoin d'atypiques pour inventer les métiers de demain ? Réfléchir sur ce monde « hors cadre », en pleine ébullition ? Les Zatypiques, que l'on cherche à faire rentrer au chausse-pied dans toutes sortes de cadres, ne sont-ils pas au contraire l'avenir de la planète ?

Loin d'un livre catalogue qui listerait en détail toutes les formes d'atypisme, nous voulons plus que tout partager et défendre une vision du monde optimiste, équitable et fraternelle, sans être gnangnan, qui défend le droit d'être soi-même et le devoir d'apporter sa contribution au monde unique et extra-ordinaire.

ÊTRE ATYPIQUE, UNE GALÈRE ?

Nous vivons dans une société qui va de plus en plus vite et qui oblige les individus à s'adapter à la rapidité du changement. Nous entendons souvent, notamment dans le monde de l'entreprise, qu'il est nécessaire d'innover et de faire preuve de créativité. Mais que signifie être créatif ? Comme le dit Ken Robinson[1], la créativité consiste à produire des idées qui ont de la valeur (pas uniquement sur le plan financier, bien sûr). Toutefois, le rythme de l'entreprise, les attentes de résultats et les normes envahissantes inhibent grandement la part créative de chacun. Il en va de même des atypiques. Les recruteurs attendent des profils originaux, des personnalités qui « sortent de l'ordinaire » et peuvent apporter « un souffle de fraîcheur » et des idées nouvelles à l'entreprise. Mais une fois le vent de fraîcheur passé, le « ne pas faire

1. Ken Robinson est un pédagogue anglais, basé à Los Angeles, spécialiste de la créativité et qui milite pour un enseignement favorisant la créativité et l'émergence des talents de chacun.

de vagues », « être *corporate* » et « rentrer dans le moule » reviennent au galop. La société admire autant les atypiques qu'elle les rejette.
« Il faut rentrer dans le moule » est une petite phrase que nous entendons régulièrement tout au long de notre vie. À l'école, en famille, au travail… Mais n'est-ce pas en rentrant dans le moule que l'on risque de devenir une tarte ?
Tout dépend. Si ce moule ou plutôt cette norme est utilisée comme repère, une jauge qui aide à identifier des difficultés et à y remédier, alors tout va bien. Prenons un exemple, si un enfant âgé de 4 ans ne prononce toujours pas un mot, la référence à une norme de développement neuropsychologique peut permettre d'alerter sur une éventuelle pathologie qui sera prise en charge de manière adaptée. En revanche, si un enfant de 4 ans pleure beaucoup quand ses parents le laissent à l'école, qu'il a encore beaucoup besoin de câlins et de douceur, alors ce comportement hypersensible peut être qualifié d'« anormal » si l'on se réfère à une norme sociale qui veut que les enfants de maternelle se séparent facilement parce qu'« en moyenne section, ON est un grand ! ».
Le fameux ON représente la norme « ISO » de l'élève idéal et normal (ou normé). Qui est-il ? Que signifie être « comme tout le monde » ? Qui est ce « tout le monde » qui définit une loi du nombre ? Si « tout le monde » le dit, alors est-ce que « tout le monde » a raison ?

Quelle norme ?

Ne nous trompons pas, il existe deux « moules », deux normes de nature différente. D'un côté, une norme aidante et objective, basée sur des éléments de développement physiologiques et cognitifs, qui cherche des solutions adaptées pour pallier les troubles. D'un autre, une norme jugeante, stigmatisant la différence – qu'elle soit neuropsychologique, sociale ou physique –, qui empêche un développement harmonieux et prédispose à l'échec.

La **norme aidante** va reconnaître la difficulté, la différence ou le trouble. Elle valorise la différence : « Quelle chance nous avons, tu nous fais voir les choses autrement ! » et aide à réussir en dépit des difficultés ou des troubles. Par exemple, un enfant qui souffre de TDA/H pourra être autorisé à rester debout devant son bureau car c'est ce qui l'aidera à être plus attentif à l'exercice. On allège d'un côté une difficulté, « être assis sans bouger », pour laisser de la place à une autre compétence : « faire l'exercice ».

La **norme jugeante** va voir la difficulté, la différence ou le trouble comme un obstacle au bon fonctionnement d'un parcours « normal ». Elle a peur de ce qui n'entre pas dans son « moule ». Elle qualifie la différence de « Tu es bizarre ! », « Tu ne réponds pas aux attentes », « Tu ne fais pas d'efforts », « Tu es décevant »… Elle projette la difficulté comme le reflet de son propre échec.

Cette norme jugeante va le plus souvent prendre le dessus sur la norme aidante et rendre problématiques, taboues, dérangeantes, voire honteuses, des situations qui objectivement existent et nécessitent uniquement un accompagnement adapté.

Et une fois sortie de l'école, la même norme jugeante va continuer à œuvrer, en censurant, afin de nous faire entrer dans le fameux moule. Famille, relations

sociales, vie professionnelle, vie associative… chacun de nos comportements est observé, scruté, évalué pour vérifier si nous ne nous écartons pas trop du troupeau. Mais comme le dit avec humour et justesse notre ami Mikaël : « Rappelons-nous que l'homme descend du singe et non du mouton ! »
Pourtant, tout avait si bien commencé…

La huitième merveille

Au commencement était la huitième merveille du monde. Qui ça ? Notre nouveau-né. Idéal, merveilleux, splendide, avec un regard tellement intelligent. L'amour qui nous envahit et la confiance dans la vie qui nous a poussée à mettre au monde un petit d'homme ont raison de toutes les douleurs, inquiétudes, souffrances de la grossesse et de l'accouchement. Viennent ensuite toutes les joies des premières fois et des premiers apprentissages. Nous ne nous lassons pas d'envoyer des photos à notre entourage, des vidéos de carnage de purée sur les murs et sur les cheveux, de citer les bons mots : « Oh, c'est trop chou ! » Tout est merveilleux et nous nourrissons des espoirs et des grands projets pour notre huitième merveille.
Lorsqu'il s'agit de notre premier bébé, nous n'avons pas de repère pour comparer les progrès ou les retards de son développement. Nous ne le regardons qu'avec les yeux de l'amour inconditionnel. Sauf si, dans la famille, il y a un enfant du même âge et une fameuse belle-sœur ou un sympathique beau-frère pour demander : « Ben, il ne se tient pas encore debout ? », « Il ne mange pas tout seul ? », « Il n'est pas encore propre ? » (sous-entendu : le mien le fait déjà depuis si longtemps !).

Dès lors que notre huitième merveille quitte le nid fusionnel pour faire son entrée dans le monde, il va être exposé au regard extérieur. C'est souvent là que les choses se gâtent un peu et que l'ON (surtout les autres) remarque les premiers comportements qui « sortent de la norme ».
En fonction des différents stades de développement de l'enfant, nous pouvons remarquer des traits de caractère et des comportements atypiques avant même l'entrée à l'école, tandis que d'autres ne seront peut-être observables et révélés que pendant la scolarité.
Mais posons-nous d'abord la première question.

Qu'est-ce qu'être atypique ?

Pour écrire ce livre, nous avons questionné des personnes de notre entourage (famille, amis, patients, collègues) qui présentaient un parcours ou un comportement atypique et/ou étaient parents et/ou enseignants d'enfants atypiques.
Voici quelques-unes des réponses que nous avons collectées.

Nathalie, ancienne médecin militaire devenue experte en santé intégrative, prof de yoga et danseuse burlesque
C'est sortir du mainstream, être singulier. C'est écrire un article pour une revue, y ajouter une touche poétique et utopique et se faire rembarrer parce que c'est un article « scientifique et que vous êtes scientifique ». C'est être ramenée dans la boîte étiquetée « scientifique ».

Muriel, directrice des ressources humaines, atypique et maman d'atypiques
C'est avoir une sensibilité très développée, visible ou invisible selon les enfants, et un manque de confiance en soi.

Stéphanie, expert-comptable devenue coach d'entreprise, spécialiste de la diversité et de l'inclusion

Des personnes qui ne semblent pas être dans la « norme » et/ou qui ont le sentiment d'avoir une vraie différence avec le monde dans lequel elles vivent sans pour autant savoir vraiment ce qui les différencie.

Isabelle, conseillère de clientèle de professionnels dans une banque et un méga-burn-out

Être atypique, c'est se sentir différent, ne pas réussir à se nourrir aisément au contact des personnes qu'on rencontre au travail ou à l'école.

Éprouver même beaucoup d'ennui, voire de mal-être.

Pourquoi, moi, je ressens toutes ces choses de cette façon si violente quand autour de moi personne ne semble s'en soucier ? Pourquoi pour eux tout est normal, pas grave et tranquille et pourquoi moi, je fourmille de mille questions ?

Être atypique, c'est ressentir les choses différemment de la majorité des personnes et chercher pendant un temps à essayer d'être « comme tout le monde » jusqu'au jour où l'on comprend enfin que, non, on n'est pas « comme tout le monde » et après tout, c'est plutôt chouette.

Mickaël, 24 ans, dentiste, pianiste et écrivain

Être atypique, c'est être en dehors de la grande norme. C'est le sentiment profond de ne pas correspondre/s'identifier aux comportements « communs » qui nous entourent. Ce n'est pas être au-dessus, ni en dessous des autres. C'est être à côté.

Sandra, enseignante atypique et maman de deux enfants atypiques

Être atypique, on l'est tous plus ou moins. On peut être dans la case « artiste » ou « bricolo », mais on ne sera jamais que cela... On ne peut pas réduire un individu à une case, ce serait idiot et inhumain. Ceux qui sont dans une catégorie peu représentée seront reconnus comme « atypiques », « bizarres »... c'est tout. Le système est lourd et rigide mais c'est aussi en cela qu'il est système. Voilà pourquoi je pense qu'il ne faut pas « être contre » mais plutôt « faire avec »... Quelque part, être atypique, ce serait naviguer dans les codes du système sans jamais devenir sédentaire. Faire escale, sans jamais jeter l'ancre ! Être atypique, c'est prendre soin de son humanité, non ?

Florence, professeure de bonheur, journaliste, auteure, conférencière et notre kiffante complice au théâtre[1]

La difficulté est qu'un atypisme non diagnostiqué ou sanctionné par une impossibilité d'insertion n'est pas décelable par son porteur ou sa porteuse. Je vous ai entendues dire à mon propos que je l'étais. Mais chacun d'entre nous se vit comme normal. Ce sont les autres qui sont différents de nous. Alors évaluer ses différences est cocasse.

De ma tourelle, je dirai ceci :

– Que l'originalité dont je ne sais me passer m'a souvent poussée vers des copies hors sujet - incompréhension de ma part et de celle de mes censeurs.

– Qu'entrer en relation amoureuse avec les garçons m'était difficile. Je ne savais pas être la fille qu'étaient les autres.

1. Les auteures ont écrit avec Florence une pièce de théâtre masterclass sur le bonheur : *La Fabrique à Kifs*. Elles se produisent régulièrement sur scène et en entreprise.

— Qu'élever ses enfants comme les autres est impossible. Et que si on ne reproduit pas des schémas tout faits, c'est un métier difficile à inventer et une source de grands doutes et de culpabilité.
Mais voici le revers de la médaille :
— L'originalité est ce qui me réjouit le plus à vivre. C'est aujourd'hui une grande forme de liberté.
— J'aime les hommes hors du commun et les regarder vivre est un feuilleton en soi.
— Mes enfants ne rentrent pas dans le cadre mais sont vivants et attachants. Heureusement, les chats ne font pas des chiens. Dans le fond, tout le monde est atypique, non ?

Posons-nous maintenant une seconde question.

Qui sont les atypiques ?

Quand nous avons parlé du projet d'écriture sur les atypiques, une question récurrente nous a été posée : « C'est qui les atypiques ? » Eh bien, les atypiques, ce sont tous ceux que nous croisons le plus dans nos cabinets, et pour qui l'école peut être un calvaire. Ce sont aussi ceux que la norme n'arrive pas à « normaliser », les non-évaluables classiquement, les électrons libres, les « qui ne rentrent pas dans le moule ». Ne comptez pas sur nous pour établir une classification par le menu des différents types d'atypiques, ce serait un comble !
En revanche, tous les atypiques que nous avons rencontrés et que nous continuons à croiser dans nos vies, perso, pro... partagent des couleurs, des nuances, un ou plusieurs fonctionnements singuliers et souffrent, ou ont souffert, de la même image de

bizarrerie qui leur est renvoyée. Nous voulons traduire ici la diversité et les similitudes, en tout cas la richesse de ces « bizarres » qui méritent qu'on les connaisse et les reconnaisse pour ce qu'ils ont de formidable.

Vous pourrez dans ce qui suit reconnaître (ou vous reconnaître ?) une ou plusieurs des caractéristiques qui font partie de la palette de ceux que nous avons choisi d'appeler les « Zatypiques ».

Toutefois, quelle que soit la forme que prend l'atypisme, nous avons observé au fil des années une caractéristique commune à tous, qui pourrait se traduire par les reproches qui leur sont faits. Chochotte, pleurnichard(e), timide, prenant les choses trop à cœur, peureux/peureuse, susceptible, introverti(e), pinailleur/pinailleuse, Monsieur ou Madame « légaliste », père ou mère « la morale », rêveur/rêveuse, à côté de la plaque, gogol, dans la lune, arrogant, Monsieur ou Madame « Je sais tout »… sont autant d'adjectifs ou d'expressions négatives pour qualifier ces enfants plus sensibles que la moyenne. Tous sont les nuances d'une même palette nommée hypersensibilité.

Le cerveau de l'enfant hypersensible réagit souvent de manière disproportionnée aux stimuli extérieurs. Cela s'appelle l'hyperesthésie. Le cerveau est plus sensible aux bruits, aux odeurs, à la luminosité, aux sensations tactiles.

Le cerveau des hypersensibles amplifie également et régule moins bien les différentes émotions. Ainsi, les enfants hypersensibles sont souvent submergés par des émotions qu'ils ont encore plus de mal à apprivoiser que d'autres enfants du même âge.

Enfin, le cerveau hypersensible a un traitement plus profond de l'information avec un sens du subtil et du détail hors du commun.
Pour certains d'entre vous, cela sera peut-être une découverte, tandis que, pour d'autres, cela confirmera ce qu'ils ont toujours ressenti sans pouvoir mettre de mots dessus.
Les atypiques ont donc un fonctionnement psycho-affectif et cognitif particulier. C'est parti, on commence !

CHAPITRE 1

UN FONCTIONNEMENT PSYCHOAFFECTIF ET COGNITIF PARTICULIER : L'HYPERSENSIBILITÉ

L'hypersensibilité n'est pas une maladie ou un trouble à proprement parler. Les hypersensibles représentent 15 à 20 % de la population. Il s'agit d'un fonctionnement émotionnel et cognitif particulier, un trait de caractère. Cependant, dans une société qui valorise les personnalités fortes, « courageuses » et dans la maîtrise des émotions, ce fonctionnement peut être jugé comme « anormal » et devenir un handicap pour ces enfants, dans leur vie quotidienne et scolaire notamment. L'hypersensibilité concerne beaucoup trop de personnes pour la qualifier de trouble et trop peu pour qu'elle soit considérée comme typique. C'est pourquoi, nous considérerons les enfants hypersensibles comme atypiques, leur fonctionnement leur permettant difficilement de rentrer dans le moule.

C'est grâce aux travaux de recherche entrepris dès 1991 par Elaine Aron, docteur en psychologie, que nous connaissons mieux les personnes hypersensibles. L'étude qu'elle a menée avec son équipe de l'université de Stony Brook a prouvé que les processus cérébraux des personnes hypersensibles se traduisaient par une surexcitation dans les zones neuronales relatives

aux émotions et à l'interaction, engendrant une plus grande empathie.
Ainsi, chez les personnes hypersensibles certaines zones cérébrales s'avéraient plus réactives aux réponses émotionnelles et aux interactions avec autrui que chez les personnes qui n'étaient pas hypersensibles[1].
Plus tard, le Dr Bianca Acevedo et son équipe de l'université de Californie ont démontré comment les neurones miroirs et l'insula étaient beaucoup plus réactifs chez les personnes hypersensibles.
Dans l'étude qu'ils ont menée, des personnes hypersensibles et non hypersensibles, placées sous IRM, ont regardé des photographies d'inconnus et de proches exprimant le bonheur, la tristesse ou un sentiment neutre. À chaque fois qu'une image exprimait une émotion, les personnes hypersensibles ont montré une activation accrue de l'insula, ainsi qu'une plus grande activité du système de neurones miroirs, surtout lorsqu'ils regardaient les visages heureux de leurs proches – confirmant ainsi une plus grande réactivité au positif. En contemplant des photographies sur lesquelles leurs proches semblaient malheureux, les personnes hypersensibles ont également montré une plus grande activation dans les domaines suggérant qu'ils voulaient faire quelque chose pour les aider, plus encore que dans les domaines impliquant l'empathie.

1. « The highly sensitive brain: an fMRI study of sensory processing sensitivity and response to others' emotions », par Bianca Acevedo, et son équipe, publié dans la revue *Brain and Behavior* en 2014 et reprenant les travaux de recherche du Dr Elaine Aron de 1997.

LES CARACTÉRISTIQUES DE L'HYPERSENSIBILITÉ

★ L'hyperesthésie

« Maman ! mon tee-shirt me gratte trop, c'est horrible ! » ; « Ma tête va exploser, il y a trop de bruit ! » ; « Je déteste les surprises !! Ça me met en panique ! »... Voilà le genre de réactions que peut avoir un enfant hypersensible. Comme son cerveau est plus sensible aux petits détails que la moyenne, il est aussi beaucoup plus réactif, voire hyperréactif.

Le cerveau de l'enfant hypersensible réagit souvent de manière disproportionnée aux stimuli sensoriels. Cela s'appelle l'hyperesthésie. Le cerveau est plus sensible aux bruits, aux odeurs, à la luminosité, aux sensations tactiles. D'où la sensation d'agression de la peau par un tee-shirt 100 % coton dont vous auriez pris soin de retirer l'étiquette ou encore l'intolérance à des bruits que la majorité des gens ne perçoit pas ou très peu.

Néanmoins, l'hypersensibilité ne se résume pas à être dérangé par une exacerbation des cinq sens. Elle n'est pas synonyme de dysfonctionnement sensoriel mais témoigne plutôt d'un traitement sensoriel plus complexe et plus subtil.

Une étude récente de Friederike Gerstenberg[1], neuroscientifique allemand, a comparé les comportements de personnes hypersensibles et non hypersensibles face à une tâche consistant à détecter la lettre T cachée dans un grand nombre de lettres L, tournées de différentes façons sur un écran d'ordinateur.

1. « Sensory-processing sensitivity predicts performance on a visual search task followed by an increase in perceived stress », *Personality and Individual Differences*, 2012 ; 53:496-500.

Les personnes hypersensibles se sont montrées plus rapides et plus précises, mais plus stressées que les autres après avoir accompli cette tâche.

★ L'hyperréactivité émotionnelle

Baudelaire écrivait : « Tout enfant, j'ai senti dans mon cœur deux sentiments contradictoires : l'horreur de la vie et l'extase de la vie. » Cela définit bien ce que peut ressentir un hypersensible : des émotions exacerbées. Ce que nous appelons les montagnes russes émotionnelles. L'enfant hypersensible aura souvent des réactions « théâtrales », disproportionnées.
Cette hyperexcitabilité (ou hyperréactivité) émotionnelle s'explique aujourd'hui grâce à l'apport de la neurobiologie.

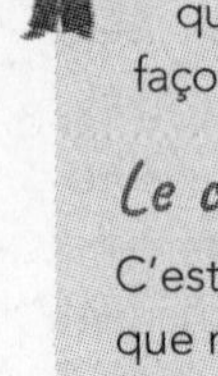

La minute neuroscientifique

Notre cerveau est composé de trois grandes parties qui gèrent chacune des fonctions bien différentes de façon assez autonome bien qu'étant interdépendantes :

Le cerveau reptilien

C'est la partie la plus ancienne de notre cerveau, celle que nous partageons avec tous les animaux, même les plus archaïques comme le crocodile.
Son développement se fait entre la conception et le quinzième mois de vie de l'enfant. C'est notre partie cérébrale instinctive. L'objectif premier du cerveau reptilien est d'assurer la survie de notre organisme

en comblant nos besoins primaires : boire, manger, dormir, défendre le territoire et se reproduire. C'est grâce à lui que nous respirons, digérons et que notre cœur bat sans que nous ayons à y réfléchir. Doté d'une mémoire à court terme très limitée, il reproduit toujours les mêmes schémas sans capitaliser sur l'expérience.

Il est donc responsable de certaines de nos réactions agressives si nos besoins primaires ne sont pas satisfaits. Par exemple, imaginons que vous pique-niquiez en famille par une belle journée ensoleillée, quand, soudain, vous voyez votre enfant de 4 ans en frapper un autre. Quand vous lui demandez pourquoi il a fait ça, il vous répond spontanément : « Je l'ai tapé parce qu'il a pris mon sandwich ! C'est le mien, j'ai faim, moi ! »

Le cerveau limbique

Il est le centre névralgique de nos émotions. Il contrôle notre système nerveux autonome et gère le système de récompenses et de punitions. Il entre en jeu également dans les notions de plaisir et de déplaisir, de motivation et de peur.

C'est par ailleurs dans le cerveau limbique que se situe le centre de la mémoire. C'est grâce à lui que nous nous lions aux autres et développons des sentiments et de l'empathie. C'est aussi grâce à lui que nous pouvons nous transformer en Usain Bolt si nous avons besoin de fuir un danger qui déclenche une peur extrême.

Le système limbique est impliqué dans la mémorisation à court et à long terme. C'est pourquoi l'on sait aujourd'hui que l'on mémorise mieux si l'on implique les émotions dans le processus de mémorisation.

Le cerveau limbique a un rôle de garde-frontière qu'il prend très au sérieux. C'est lui qui va traiter les informations qu'il reçoit et déterminer s'il doit les laisser passer ou non vers la troisième partie du cerveau : le néocortex.
Si les informations désagréables sont en surnombre, il forme un barrage, comme un court-circuit.
S'il juge, au contraire, l'expérience ou l'information agréable, non seulement il la laissera passer pour qu'elle soit traitée par le néocortex, mais il la mettra aussi dans la bannette « à traiter en urgence ».

Le néocortex

Il occupe 80 % du volume cérébral et arrive à maturité vers 20 ans seulement. C'est la partie la plus récente dans l'évolution. Il est le siège de la pensée raisonnée et abstraite. Un peu comme notre ordinateur de bord.
Il analyse et anticipe. Il nous aide à faire des choix, à argumenter et à exercer notre esprit critique. C'est grâce à lui que nous pouvons résoudre un problème de maths, organiser nos prochaines vacances, lire le journal et écrire une nouvelle. Il est également impliqué dans le processus de mémorisation.
Bien que très « intelligent » sur le plan cognitif et capable d'accomplir des tâches très complexes, le néocortex reste assez tributaire du bon vouloir de notre système limbique, comme nous l'avons vu plus haut.
En effet, c'est le système limbique qui décide s'il laisse passer ou non l'information pour qu'elle soit traitée par le néocortex. Ainsi, nous comprenons comment nous pouvons, dans certains cas, rester coincés dans l'émotion et être incapables de nous raisonner pour nous calmer. C'est pour cela que nous répétons

inlassablement aux parents qu'il est inutile d'essayer de raisonner un enfant qui fait une crise de nerfs suite à une déception, car il y a un court-circuit dans son cerveau qui l'empêche de traiter l'information et de la relativiser. Par exemple, votre enfant vient de faire tomber son jouet préféré du haut de l'escalier. Le jouet est en mille morceaux. Et là, c'est le drame ! Pleurs, cris et roulades sont de la partie. Vous prenez votre voix la plus douce pour le rassurer et le calmer : « Arrête de pleurer, c'est pas grave, ça arrive et puis tu as plein d'autres jouets. » Non seulement votre enfant ne vous écoute pas, mais les pleurs redoublent. Quelle est la solution alors ? Attendre que le cerveau limbique se calme (question de temps) pour pouvoir « parler » à son cerveau cortical qui relativisera la situation le moment venu.

★ Le traitement très profond de l'information avec un sens du détail et du subtil

Une autre étude menée par Jadzia Jagiellowicz, de l'université de Sherbrooke, a montré que le cerveau des personnes hypersensibles utilisait beaucoup plus les zones de traitement perceptif de l'information que celui des personnes moins sensibles.

Ainsi, l'enfant hypersensible voit les subtilités d'une situation avec plus d'intensité, même si celle-ci est considérée comme non complexe.

Le traitement profond et intense de l'information entraîne souvent l'enfant hypersensible dans un méandre de questions, de détails et d'hypothèses. Ce besoin d'aller en profondeur peut créer des réactions de paralysie ou de retrait contemplatif face à certaines situations.

Les enfants hypersensibles observent et réfléchissent beaucoup avant de faire un choix ou d'interagir avec les autres (surtout s'il s'agit de situations ou de personnes nouvelles). Ils envisagent toutes les options et sont parasités par toutes les données, ce qui peut faire penser qu'ils sont lents. Ce fonctionnement cognitif a souvent pour conséquence une tendance à l'introversion et au perfectionnisme.

Comme nous l'avons évoqué, les travaux de recherche du Dr Bianca Acevedo et de son équipe ont montré une plus grande activation de la zone du cerveau appelée insula. C'est la partie du cerveau qui intègre la connaissance momentanée des états intérieurs et des émotions, la position corporelle et les événements extérieurs. Elle est aussi appelée le siège de la conscience. Si nous sommes plus conscients de ce qui se passe à l'intérieur et à l'extérieur, nous sommes donc plus souvent en état de vigilance.

Comme les enfants hypersensibles traitent l'information dans tous ses détails et remarquent la moindre nuance, tout changement, même infime, peut les déstabiliser. Ainsi, trop de nouveaux éléments d'information à traiter, comme lors d'un anniversaire surprise, peuvent submerger le cerveau de l'hypersensible et le mettre en panique.

★ L'empathie, l'intuition et la créativité

L'hypervigilance (aux émotions, aux réactions, aux perceptions), propre aux hypersensibles, peut être vécue de manière négative par eux et par leur entourage.

Toutefois, ces hyperréactivité et hypersensibilité aux signaux faibles leur confèrent une intuition particulièrement aiguisée, qui, lorsqu'elle est bien utilisée et valorisée, ouvre la porte à une créativité bouillonnante. Il en est de même de l'empathie qui, lorsqu'elle n'est pas apprivoisée, laissera les hypersensibles épuisés d'être en permanence « branchés » sur ce que les autres ressentent. Lorsque l'empathie est comprise et apprivoisée, elle permet de se mettre en lien avec justesse avec les autres. Apprendre à utiliser son empathie de manière écologique sans être envahi est une force considérable.
Pour les atypiques, le cocktail empathie + intuition + créativité est un vrai sabre de Jedi dès lors qu'on apprend à bien l'utiliser.

LES INCIDENCES

★ À l'école, en famille et avec les autres

Ce rapport particulier au monde a un impact sur la qualité des relations que l'enfant entretient avec sa famille et à l'école. Ses réactions peuvent décontenancer et provoquer une grande incompréhension.
À l'école, l'élève perçoit sa différence et les autres lui renvoient une image négative de lui-même. Le risque est que l'enfant s'isole ou soit mis à l'écart par le groupe qui ne manquera pas au passage de lui lancer quelques moqueries.
À la maison, les adultes prennent souvent pour des « caprices » cette réponse émotionnelle particulière

et minimisent, voire dénigrent, le ressenti de l'enfant hypersensible qui, pourtant, est bien réel.

Du fait de cette hyperréactivité émotionnelle et de leur lucidité extrême, les enfants hypersensibles auront tendance à être plus anxieux que la moyenne.

Véritable éponge émotionnelle, doué d'une grande empathie, l'enfant ou l'adolescent hypersensible pourra ressentir l'interaction avec les autres comme une source de déception, de frustration, de souffrance et d'incompréhension.

C'est ce que nous appelons le sentiment d'étrangeté qui se traduit par cette question : « Suis-je le seul ou la seule à ressentir ça ? Pourquoi ne suis-je pas détendu(e) et léger/légère comme tout le monde ? »

C'est ce qu'a ressenti Nathalie, ancienne médecin militaire devenue spécialiste de la santé intégrative : « Ce qui a été difficile pour moi, c'est de ne pas être comprise. D'avoir l'impression d'être enfermée dans une boîte. J'étais solitaire la plupart du temps, y compris en famille, jusqu'au jour où j'ai rencontré des gens qui ressentaient la même chose que moi : ma tribu ! »

★ Sur la construction de soi

Il existe chez les hypersensibles un questionnement incessant sur l'extérieur, l'environnement, les relations aux autres mais aussi un questionnement permanent sur soi-même. La remise en cause est permanente de ce qui est fait ou de ce qui est pensé. Ce questionnement sans fin leur confère une faible confiance en eux qui ne permet pas de construire une estime de soi solide. La moindre certitude pouvant être remise en question l'instant suivant.

C'est pourquoi les paroles rassurantes de l'entourage peuvent être perçues ainsi : « Ils sont gentils parce qu'ils m'aiment bien mais ils disent ça justement parce qu'ils m'aiment bien… »
Cette perception très aiguë de leur environnement déclenche une anxiété « structurelle » qui restera souvent au-delà de l'enfance.

CHAPITRE 2

QUAND LES TROUBLES S'EN MÊLENT...

Pour les atypiques, l'entrée à l'école va souvent être le révélateur de difficultés à « entrer dans le moule » et/ou à coller à la demande. Elle va aussi être le début d'un parcours du combattant pour ceux qui, outre les difficultés scolaires, présentent des troubles de l'apprentissage.

Nous voulons ici donner une explication, non exhaustive, des troubles de l'apprentissage pour mettre fin à certaines croyances qui refusent de considérer ces troubles comme un vrai handicap invisible : « Il/Elle pourrait faire des efforts quand même », « Si on veut, on peut »... et montrer combien ces profils atypiques traversent difficilement les années de scolarité et s'abîment au fil des ans.

Comme nous ne sommes pas spécialistes de l'autisme, nous avons choisi de ne pas traiter en détail les troubles envahissants du développement chez l'enfant et l'adolescent. Pourtant, chez une partie des enfants autistes, dont les autistes Asperger, on retrouve des caractéristiques communes aux autres atypiques, telles que l'hypersensibilité. Nous sommes admiratives des parents et des associations qui se battent pour que ces enfants aient une prise en charge adaptée, qu'elle soit inclusive (à l'intérieur du système ordinaire) ou exclusive (dans des établissements adaptés à ce handicap). Aujourd'hui, trop de parents se retrouvent complètement démunis et les enfants laissés pour compte, dans l'incompréhension et le rejet le plus total. Et pourtant, ces enfants différents ont énormément à nous apprendre si l'on parvient à lâcher prise par rapport à des attentes de « normalité » stéréotypée.

LES TROUBLES DYS-

Il existe de très nombreux sites experts et des ouvrages de qualité sur les troubles dys-, qui permettent de comprendre en détail ce que chaque trouble recouvre, et auxquels nous vous renverrons à la fin de cet ouvrage. Nous ne sommes pas expertes, comme peuvent l'être orthophonistes ou psychomotriciens, de chaque trouble dys-, mais nous recevons suffisamment d'enfants et d'adolescents impactés par ces troubles pour voir combien les efforts qui leur sont demandés entament durablement leur confiance en eux et l'estime qu'ils ont d'eux-mêmes.

Qu'est-ce que les troubles dys- ?

L'on parle de troubles dys- pour l'ensemble des troubles cognitifs spécifiques et leurs incidences sur les apprentissages. Ce sont des troubles neurologiques persistants et durables, qui n'affectent pas le niveau d'intelligence. On ne devient pas dys-, on naît avec ces troubles car ils sont héréditaires et d'origine génétique. Cela signifie que l'on ne guérit pas de troubles dys-.

Certains parents nous disent en consultation : « Quand j'étais petit, j'étais dyslexique ! » ou « À l'école primaire, j'étais dyspraxique »... Or, l'utilisation de l'imparfait n'est pas adaptée puisque les troubles persistent à l'âge adulte. L'on apprend à les compenser en adoptant des stratégies de contournement.
Lorsque ces troubles touchent l'acquisition du langage écrit, l'on parle alors de **dyslexie** et de **dysorthographie**. Lorsqu'il s'agit de troubles du développement moteur, on parle de **dyspraxie**. Lorsque ces troubles du développement moteur touchent l'écriture, on parlera de **dysgraphie**. Lorsqu'ils touchent les activités numériques, il s'agit de **dyscalculie**. Enfin, lorsque c'est le langage oral qui est touché, l'on parle de **dysphasie**.
Certains pensent que les dys- sont « à la mode ». Nous avons déjà entendu des réflexions du type : « Avant, les dys-, ça n'existait pas, alors qu'aujourd'hui, il y en a de plus en plus ! » L'ignorance est parfois abyssale et nous préférons en rire (jaune souvent). Non, le nombre de dys- est toujours identique mais leur dépistage s'améliore d'année en année. Il est vrai que les connaissances scientifiques sur les troubles dys- sont relativement récentes. Moins d'un siècle. Et la France a mis du temps à se pencher réellement sur le sujet, contrairement à ses voisins anglais, par exemple. Aujourd'hui, des chercheurs de l'Inserm[1] continuent à effectuer des recherches sur les troubles des apprentissages pour vérifier, grâce à l'imagerie médicale, leurs hypothèses sur les désordres neuronaux de certaines régions cérébrales et les difficultés

1. Institut national de la santé et de la recherche médicale.

de connexion entre des aires éloignées du cerveau. Leurs recherches permettraient d'améliorer encore la prise en charge des troubles dys-.

Même si nous sommes de mieux en mieux informés sur les troubles des apprentissages et s'il existe de nombreuses associations qui font un travail formidable pour faire connaître la réalité des troubles dys- au quotidien ainsi que leurs conséquences sur le développement de l'enfant, de l'adolescent et de l'adulte, il est surprenant de constater qu'il n'existe aucune étude fiable qui recense le nombre de personnes touchées par ces troubles. Les chiffres qui circulent parlent de 6 à 8 % de la population touchée par des troubles dys-. Avec 4 à 5 % d'élèves dyslexiques par classe d'âge, 3 % d'élèves dyspraxiques et 2 % d'élèves dysphasiques.

Aujourd'hui, l'information de plus en plus accessible (lorsqu'on la cherche) aide à dépister assez tôt un trouble spécifique. En effet, plus la prise en charge est précoce, plus l'on peut mettre en place des stratégies pour compenser les fonctions d'automatisation qui sont touchées.

Le ministère de l'Éducation nationale a instauré, dans le cadre de la loi du 11 février 2005 sur la scolarisation des élèves handicapés, une prise en charge des enfants à besoins éducatifs spécifiques, notamment ceux porteurs de handicaps invisibles[1]. La définition retenue par l'Éducation nationale et reprise par toutes les académies et rectorats stipule que les troubles des apprentissages sont ceux qui « correspondent à une atteinte durable et persistante affectant une ou plusieurs fonctions

1. https://cache.media.eduscol.education.fr/file/Handicap/46/6/TSA_EDUSCOL_225466.pdf

cognitives. Ces troubles neurodéveloppementaux perturbent l'acquisition, la compréhension, l'utilisation et le traitement de l'information verbale ou non verbale. Ils ne s'expliquent pas par des facteurs externes. Ils surviennent chez un enfant d'intelligence normale, et normalement scolarisé ».

Comme le rappelle la note du ministère, il est essentiel de comprendre que les troubles des apprentissages ne résultent pas :

- d'une mauvaise formation scolaire ;
- d'un contexte familial défaillant ;
- d'un manque de volonté d'apprendre.

Ils doivent être distingués de la « simple difficulté ».

Les troubles dys- entrent pleinement dans les préconisations du ministère de l'Éducation nationale et le cadre de la loi. Or, malgré cette définition claire et les préconisations de prise en charge qui en découlent, il reste encore trop d'établissements qui ne semblent pas en avoir pris connaissance.

À quel moment repère-t-on un trouble dys- ?

C'est souvent au moment où les parents ou quelqu'un dans l'entourage, l'enseignant par exemple, remarque quelque chose qui ne va pas dans le développement de l'enfant. Soit dans le langage, quand un enfant s'exprime difficilement ou a des difficultés de prononciation, soit dans la motricité, lorsqu'il ne parvient pas à tenir des ciseaux, à fermer son manteau ou se cogne partout. Certains parents ne parviennent pas toujours à repérer les signes de troubles dys- car ils se sont habitués à la particularité de leur enfant. Nous entendons souvent des : « Il est dans la lune » ; « C'est un rêveur » ; « C'est Gaston Lagaffe, il tombe et fait tout tomber » ; « La lecture, c'est pas ça, mais c'est parce qu'il ne fait pas d'effort »...

Il est important de connaître ce que tous les troubles dys- ont en commun afin de comprendre l'effort demandé dans une journée de classe :

- une grande fatigabilité de l'enfant car le cerveau doit fournir beaucoup plus d'effort pour compenser les fonctions d'automatisation qui ne sont pas opérantes. C'est ce que l'on appelle la double tâche. Par exemple, déchiffrer et comprendre pour un élève dyslexique prennent deux fois plus de temps ;
- des troubles de l'attention et de la mémoire de travail ;
- une concentration difficile à maintenir ;
- une variabilité des résultats ;
- un écart entre la compréhension orale et écrite ;
- une lenteur dans le traitement de l'information et dans la réalisation.

Que faire ?

Lorsqu'une suspicion de troubles est mise en lumière, il est nécessaire d'aller consulter les spécialistes qui pourront confirmer ou infirmer l'hypothèse du trouble. Un orthophoniste pour une suspicion de dyslexie, de dysorthographie ou de dysphasie, un orthophoniste spécialisé dans le raisonnement logico-mathématique pour la dyscalculie, un psychomotricien pour la dyspraxie, un psychologue ou neuropsychologue pour un TDA/H. À cela s'ajoute un bilan orthoptique afin de vérifier la coordination visuelle. En clair, s'assurer que les yeux n'effectuent pas un travail disjoint et ne se fatiguent pas trop rapidement.

Ces diagnostics vont permettre de mettre en place un projet d'accompagnement adéquat. Il s'agit à la fois d'une prise en charge rééducative par des professionnels mais également d'une proposition pédagogique adaptée par l'équipe enseignante. À la maison, les parents sont également des soutiens pour aider l'enfant à surmonter les difficultés du quotidien ou à faire ses devoirs.

★ La dyslexie / dysorthographie

Caractéristiques de la dyslexie

L'Organisation mondiale de la santé définit la dyslexie comme « un trouble spécifique de la lecture. Il s'agit également d'un trouble persistant de l'acquisition du langage écrit, caractérisé par de grandes difficultés dans l'acquisition et dans l'automatisation des mécanismes nécessaires à la maîtrise de l'écrit (lecture, écriture, orthographe) ».

Selon l'OMS toujours, la dyslexie touche entre 8 à 10 % des enfants, les garçons étant trois fois plus touchés que les filles.

La lecture est un apprentissage extrêmement difficile, qui se met en place sur l'année de CP et se consolide en CE1. Certains signes permettent de suspecter une dyslexie dès le CP. Par exemple, une mauvaise association entre les graphèmes, les signes écrits, et les phonèmes, le son de ces mêmes signes, une difficulté à mémoriser ces sons, une inversion de lettres, une reconnaissance difficile des mots dans leur globalité, une lecture lente avec de nombreuses erreurs, une grande fatigabilité... sont autant de petits signaux qui laissent penser qu'il existe une difficulté. Attention, inutile de courir chez l'orthophoniste si ces signes sont temporaires ou que la lecture est lente deux mois seulement après la rentrée !

Toutefois, la dyslexie ne peut être diagnostiquée que vers le CE2, au moment où la lecture est supposée acquise et fluide. Afin de la diagnostiquer, la dyslexie étant un trouble qui gêne l'automatisation de l'identification des mots écrits, on fait lire des mots isolés afin que l'enfant ne puisse pas s'appuyer sur ce qu'il comprend du contexte pour deviner les mots. C'est le décalage par rapport aux acquisitions de son âge réel (en retrait d'au moins dix-huit mois) qui déterminera s'il y a ou non dyslexie.

Il existe plusieurs formes de dyslexie, qui impactent les élèves de manière différente en fonction du degré du trouble : la dyslexie phonologique, la dyslexie lexicale ou la dyslexie mixte, si les deux voies (phonologique et lexicale) sont atteintes.

Incidences sur le quotidien et les apprentissages

La dyslexie touche l'acquisition de la lecture et de l'orthographe. Les incidences seront donc importantes sur l'ensemble des apprentissages scolaires car l'écrit est encore majoritairement utilisé. L'évaluation s'effectue d'ailleurs principalement à l'écrit.

La difficulté de lecture amène des difficultés de compréhension générale : de consignes, des problèmes de maths, de leçons. Cette défaillance de compréhension entraîne souvent des contresens ou des interprétations erronées. Selon la manière dont la consigne est formulée, l'élève dyslexique peut effectuer une partie

de la consigne et ne pas du tout prendre en compte la suite (par exemple : souligner les noms en rouge et encadrer les verbes en vert).
La lecture et la compréhension demandant plus de temps à un élève dyslexique, il a souvent du mal à répondre aux questions, à terminer les exercices et à réaliser les contrôles dans leur totalité.
L'élève dyslexique sera souvent perçu comme ayant du mal à être attentif, à se concentrer. L'on dit de lui qu'il est « dans la lune ». Les problèmes de mémorisation sont régulièrement pointés du doigt avec des remarques comme « n'a pas appris sa leçon ». Remarques décourageantes et vécues comme injustes, car l'enfant a fourni un gros travail personnel.
Le découragement s'installe rapidement, car l'élève a l'impression de faire beaucoup d'efforts sans parvenir à « montrer » ce qu'il sait.
L'apprentissage des langues étrangères sera d'autant plus difficile que la correspondance des graphèmes (signes) et des phonèmes (sons) est complexe. Comme pour l'anglais par exemple.

Caractéristiques de la dysorthographie

Tous les dyslexiques sont aussi dysorthographiques. La dysorthographie est un trouble persistant de l'acquisition et de la maîtrise du langage écrit qui affecte l'orthographe, principalement dans l'apprentissage et l'automatisation de la correspondance phonème (le son des signes) et graphème (l'écriture des sons).

Incidences sur le quotidien et les apprentissages

L'enfant qui souffre de dysorthographie a de très grandes difficultés à maîtriser les règles orthographiques. L'écriture, qu'elle soit spontanée, comme pour une rédaction, ou dictée, comme une prise en note de leçons, est alors altérée.
L'enfant est pénalisé par un système éducatif qui met l'accent sur une orthographe parfaite. De nombreux élèves dysorthographiques se voient retirer des points d'orthographe dans des contrôles de connaissance.

Une jeune patiente dyslexique-dysorthographique, découragée par ses résultats en classe de seconde, avait eu la chance de croiser sur son chemin un professeur de français compréhensif et encourageant. Et pour cause ! Elle raconta que ce professeur lui avait proposé de faire la connaissance de son épouse, professeure d'espagnol dans le même lycée, et... dyslexique comme elle. La jeune fille avait alors eu la possibilité de partager ses doutes, ses découragements et ses inquiétudes sur l'avenir avec cette professeure d'espagnol qui, de son côté, avait su trouver les mots pour la réconforter et lui montrer que dyslexie et échec scolaire n'étaient pas forcément synonymes.

★ La dyspraxie

Caractéristiques de la dyspraxie

L'Organisation mondiale de la santé définit la dyspraxie comme un « trouble spécifique du développement moteur dont la caractéristique essentielle est une altération du développement de la coordination motrice non imputable entièrement à un retard intellectuel ou à une affection neurologique spécifique

congénitale ou acquise ». Il s'agit donc d'un trouble d'origine développementale, qui se traduit par une performance inférieure à celle d'un enfant du même âge et de même intelligence dans les activités du quotidien qui nécessitent une coordination motrice.
La dyspraxie est beaucoup moins connue du grand public et des enseignants que la dyslexie alors qu'elle est, semble-t-il, aussi fréquente. Le trouble dyspraxique est avéré dès lors que le défaut de coordination motrice impacte la vie quotidienne et les performances scolaires. Pour simplifier, nous pourrions dire qu'elle est le trouble du « comment faire » des activités nouvelles.
Comme pour les autres troubles, la dyspraxie est persistante et durable. Les performances motrices s'améliorent avec l'âge, mais le défaut de coordination ne disparaît ni à l'adolescence ni à l'âge adulte et les performances restent toujours inférieures aux performances moyennes des individus du même âge.

Incidences sur le quotidien et sur les apprentissages

La dyspraxie a de nombreuses conséquences sur les gestes de la vie quotidienne.
À table, l'enfant dyspraxique est malhabile avec la fourchette, le couteau et la cuillère, qu'il apprend à utiliser plus tard que les autres. Il renverse régulièrement la nourriture et les boissons. Il ne réussit pas à ouvrir les boîtes, les pots de confiture et autres contenants.
L'habillage est problématique car l'enfant dyspraxique ne parvient pas à s'organiser et à savoir dans quel ordre mettre ses vêtements. Les manches de chemise, de pull,

de sweat sont mal repérées ainsi que la jambe d'un pantalon ou d'un bermuda. Par ailleurs, il s'habille très lentement et aura besoin longtemps de l'aide d'un adulte. De la même manière, il est maladroit dans l'utilisation de la brosse à dents et a des difficultés à prendre une douche.
Le rangement lui est également très difficile. Il ne parvient pas à ranger ses affaires personnelles (à la maison et/ou à l'école), perd souvent des objets ou les casse. La mauvaise coordination rend difficile l'utilisation des escaliers. C'est un enfant qui tombe ou se cogne souvent.
La dyspraxie a des incidences directes sur l'apprentissage de tous les gestes quotidiens qui s'automatisent naturellement au fil du développement des enfants qui ne présentent pas de troubles.
Contrairement à la dyslexie, qui ne se voit réellement qu'à partir de l'acquisition de la lecture, la dyspraxie peut être identifiée dès l'entrée en maternelle.
En effet, la motricité fine est particulièrement touchée et l'on peut repérer très tôt un enfant ne parvenant pas à boutonner son manteau, ne réussissant pas à couper avec des ciseaux, ou pour qui tenir un stylo est une épreuve de force.
Parfois, la dyspraxie pourra être confondue avec des troubles dyslexiques puisque le mouvement des yeux chez les enfants dyspraxiques a du mal à se fixer longtemps, ce qui conduit le regard à errer dans la page sans réussir à conduire le mouvement de la lecture dans la ligne.
Cette même difficulté de repérage visuo-spatiale empêche les enfants dyspraxiques de dénombrer les

objets dans une collection mathématique, ainsi que de poser des opérations correctement. La géométrie présentera également une double difficulté. Celle liée à l'utilisation des outils de traçage (règle, compas, équerre...) ainsi que celle liée au repérage et au traitement de l'information visuo-spatiale.

Isabelle, atypique et maman d'atypiques

Être parent d'un ado de 18 ans atypique dyspraxique, c'est ne pas avoir peur de lui dire : « Ne t'énerve pas sur la sangle élastique de cette valise, tu vois, c'est un peu contrariant comme système d'attache, je le conçois, il faut pousser avec ton pouce droit ainsi et tirer l'élastique avec la main gauche comme ça. »
C'est faire preuve de beaucoup de PATIENCE.
Ne pas avoir peur de la différence.

★ La dyscalculie

Caractéristiques de la dyscalculie

La dyscalculie est un trouble relativement peu connu par rapport à la dyslexie. Elle est aux chiffres et aux nombres ce que la dyslexie est aux lettres. L'élève sera alors dans l'incapacité de maîtriser, voire d'acquérir, les connaissances en lien avec les chiffres, les calculs et les valeurs numériques (poids et mesure). La dyscalculie est souvent assimilée, à tort, à une phobie des mathématiques.

Incidences sur le quotidien et les apprentissages

Les enfants qui souffrent de dyscalculie peinent à traiter les nombres (reconnaître et produire les chiffres, passer de l'oral à l'écrit, etc.), à mémoriser les tables (addition, soustraction, multiplication et division), à calculer (difficultés à effectuer de simples opérations qu'ils peuvent confondre les unes avec les autres) et à comprendre ce qu'est un nombre (comprendre le lien entre le symbole et la quantité). L'on parle alors d'incompréhension totale des structures logico-mathématiques.

Au-delà des difficultés à comprendre la notion de quantité, à apprendre et à mettre en œuvre des opérations mathématiques de base telles que l'addition, la soustraction, la multiplication et la division, le trouble dyscalculique se traduit aussi par une compréhension erronée des principes de géométrie due à une déficience au niveau spatial.

Plus tard dans le parcours scolaire, la défaillance au niveau des liens logiques aura des répercussions sur la capacité à comprendre et à appliquer des raisonnements simples ou complexes. Une difficulté qui handicape bien au-delà des simples mathématiques, puisqu'il est demandé dans presque toutes les matières de construire des raisonnements logiques pour décrire, démontrer et justifier son propos.

Nous recevons un jeune patient qui a beaucoup de mal à calculer dans sa tête. Même pour des additions simples. Il lui faut beaucoup de temps pour calculer en comptant sur ses doigts. Il raconte qu'il est la risée de ses camarades qui ne comprennent pas et se moquent de lui régulièrement. Il se renferme et perd confiance en lui. Il ajoute :

« *Le calcul mental, ça n'est pas tous les jours, mais si je dois aller d'un endroit à un autre, je n'arrive pas à évaluer le temps qu'il me faudra pour le faire, ni la distance d'ailleurs. L'expression qui me paralyse le plus est "C'est logique !" car lorsque les autres voient la logique clairement, je n'arrive pas à comprendre comment ils font pour trouver ça logique. Je n'arrive pas à faire des liens et à expliquer logiquement les éléments de la démonstration. Je me sens nul. »*

★ La dysphasie

Caractéristiques de la dysphasie

La dysphasie est un trouble de la communication orale et verbale qui apparaît dès le plus jeune âge avec une absence de langage, puis l'apparition d'un langage simplifié et d'un champ lexical restreint. Elle peut toucher l'expression, la compréhension ou ces deux fonctions en même temps. L'enfant dysphasique ne parvient pas à acquérir le langage normalement. Il a du mal à exprimer sa pensée ou à formuler ce qu'il veut dire et/ou à comprendre ce qui lui est dit. C'est cette difficulté à se faire comprendre clairement qui fait que la dysphasie est souvent confondue avec le retard mental. Or, les enfants dysphasiques ont une intelligence normale ou supérieure.

2 % de la population seraient touchés par ce trouble et principalement des garçons.

La dysphasie peut être expressive. Dans ce cas, l'expression est altérée, les paroles sont souvent incompréhensibles et l'expression est faite de mots isolés. La dysphasie peut également être réceptive et modifier la compréhension. Le message oral reçu sera alors partiellement compris. Dans sa phase expressive, les mots justes seront difficiles à trouver, et la phasie syntaxique ou l'organisation grammaticale de la phrase est déformée. La structuration des phrases n'est pas en place. Les enfants dysphasiques ont envie de communiquer et sont dans l'interaction. Cependant, ils sont comme bloqués par la difficulté à exprimer ce qu'ils souhaitent dire.

Incidences sur le quotidien et les apprentissages

La dysphasie est un trouble beaucoup plus handicapant au quotidien que la dyslexie. En effet, la difficulté de communiquer entraîne une altération des interactions. On peut alors observer, surtout chez l'enfant dysphasique jeune, des répercussions sur le comportement lorsqu'il ne parvient pas à se faire comprendre comme il le souhaite.

L'élève dysphasique aura besoin que l'on reformule lentement les consignes au moyen de phrases simples avec des mots facilement compréhensibles. Cela entraîne une fatigue extrême dans le traitement de l'information et un effort d'attention et de mémorisation soutenu. Ce qui ralentit sa réalisation et le décourage.

L'enseignement est majoritairement verbal, alors que les élèves dysphasiques ont besoin d'images pour communiquer, notamment à la maternelle où les élèves ne s'expriment pas tous de manière fluide et ne lisent pas encore, et au primaire où le mot pourra être associé à l'image pour le mémoriser. Au fil du parcours scolaire, l'enseignement s'accélérant, il devient très difficile pour des enfants dysphasiques de continuer à suivre sans être distancés.

L'élève dysphasique a donc besoin d'un AVS (auxiliaire de vie scolaire) ou d'un AESH (accompagnant des élèves en situation de handicap) pour « traduire » les consignes et l'aider à comprendre.

★ Le multidys-

Un trouble multidys- est l'association de plusieurs troubles dys-. On pourra donc trouver des enfants dyslexiques-dysorthographiques qui souffrent également d'un TDA/H ou d'une dysphasie, par exemple.
Le trouble multidys- est à différencier d'un trouble global du développement. En effet, ce dernier se traduit par un retard général et homogène par rapport à un âge de développement. Dans le trouble multidys-, l'évaluation par les échelles d'intelligence (QI) montre que certaines épreuves sont réussies dans la moyenne ou au-dessus de la moyenne d'âge.

Incidences sur le quotidien et les apprentissages

La prise en charge des enfants multidys- est un véritable casse-tête pour les parents puisque les rendez-vous de rééducation se multiplient en fonction des difficultés : orthophonie, orthoptie, psychomotricité…
Par ailleurs, malgré tous ses efforts, l'enfant multidys- ne réussit pas à obtenir des résultats à la hauteur de son investissement. Il est toujours en décalage avec les autres élèves de son âge et le vit douloureusement. La double tâche est son quotidien et il se fatigue extrêmement vite. Le découragement est toujours au rendez-vous et le « À quoi bon ? » prend le dessus après plusieurs années d'efforts qui semblent vains.

Christophe, 45 ans, comptable, multidys- (dyslexique, dysorthographique, dysphasique, dyspraxique)

Pendant ma scolarité, ma dysphasie a été prise en charge par une orthophoniste (de 6 à 12 ans, avec une longue pause de quatre ans – merci à mes parents ! – car je souffrais d'« orthophonite aiguë »). En classe, dès le CP-CE1, les enseignants m'avaient préparé un petit questionnaire-schéma, qui m'aidait à repérer le sujet, le verbe… Utile avant toute analyse de texte ! Pour m'aider à retenir l'histoire, j'ai vu beaucoup de films (des classiques, des films de guerre) ; pour m'aider à prononcer, j'ai regardé les sketches de Devos (rien de mieux que les jeux de mots ; Caen par exemple), pour exercer son oreille et domestiquer les sons ! Enfin, mes parents m'ont emmené très souvent sur des sites historiques : les châteaux, le musée du Débarquement, etc. L'apprentissage est difficile pour nous : rien ne vaut le ludique, le concret !

Ensuite, j'ai mis en place mes propres stratégies. Au collège, je prenais mes notes sur des feuilles volantes (au brouillon) avant de les recopier au propre à la maison sur mon cahier. J'ai beaucoup surligné, en utilisant différentes couleurs : une bonne façon de simplifier et de mémoriser. Les multidys- ont une bonne mémoire visuelle ! Et ont tout intérêt à l'utiliser. Pour préparer mon BEP de comptabilité, puis mon bac pro, l'ordinateur m'a sauvé, en particulier le logiciel de correction instantanée Orthodys[1]. Et avant toute intervention orale, je veille à réduire le trac qui exacerbe mon trouble : un peu de relaxation (respirer en fermant les yeux) m'aide à m'exprimer de façon moins heurtée.

Si j'étais un adolescent d'aujourd'hui, j'utiliserais beaucoup les vidéos YouTube pour apprendre, c'est certain !

1. L'ancêtre du logiciel Dys-Vocal.

★ Conséquences générales des troubles dys-

Les troubles dys- sont des troubles neurodéveloppementaux. Comme nous l'avons souligné, il ne s'agit pas d'un retard de développement qui pourrait être rattrapable mais d'un trouble durable et persistant. Il va donc falloir « faire avec » sur le long terme. Tous les dys- auront en commun une fatigabilité importante due à la double tâche par défaillance du système d'automatisation des tâches.

Trop souvent, nous croisons dans nos cabinets des élèves dys- pour qui le quotidien scolaire est un enfer. Alors que tous les dispositifs existent et permettent une prise en charge adaptée, nous constatons avec horreur que les freins sont encore trop présents. Certains subissent des humiliations en classe, des reproches et des demandes sur ce qu'ils ne peuvent changer. « Mais c'est incroyable le nombre de fautes que tu fais, je n'ai jamais vu ça ! » (dyslexie-dysorthographie) ; « Bon sang, tu ne peux pas rester tranquille et te concentrer, c'est pas compliqué quand même !! » (TDA/H) ; « Articule, je ne comprends rien à ce que tu racontes » (dysphasie)… La liste est sans fin.

C'est un peu comme si l'on reprochait à quelqu'un d'avoir les yeux bleus : « C'est pas possible quand même d'avoir des yeux bleus ! Tu ne pourrais pas en changer ? Fais un effort, c'est simple ! »

On ne peut reprocher à un enfant, un adolescent ou un adulte d'être ce qu'il est. Personne n'a le droit de lui demander de changer quelque chose sur lequel il n'a pas la main. Il ne s'agit pas d'une question de comportement mais de « câblage » neurologique.

C'est cette incompréhension générale du handicap invisible dans les troubles dys- et le manque d'encouragement et de reconnaissance des efforts fournis qui amènent ces enfants à se sentir atypiquement problématiques, à se dévaloriser constamment et à se décourager bien légitimement au fil des années.
Les dys- ont en commun une confiance en soi déficitaire et une estime de soi effondrée. Mais les dys- ont également une force commune : la persévérance. Depuis leur plus jeune âge, les enfants dys- sont contraints de faire plus d'efforts que la moyenne pour s'adapter. Cet entraînement quotidien augmente leur capacité à fournir des efforts. Comme le dit l'une de nos jeunes patientes, dyslexique, qui a obtenu son bac avec mention bien l'année dernière : « *L'année du bac a été la plus belle de ma vie. Je suis tellement habituée à fournir des efforts que je n'ai pas vu la différence avec les autres années. Tous mes efforts passés ont payé et je suis arrivée en terminale avec un rythme de travail installé depuis longtemps.* »

LE TROUBLE DÉFICITAIRE DE L'ATTENTION AVEC OU SANS HYPERACTIVITÉ (TDA/H)

« Il ne tient pas en place » ; « C'est une tornade » ; « Elle est toujours dans la lune » ; « Elle ne termine jamais ses devoirs ou ses contrôles » ; « Il oublie tout, un jour, il va oublier sa tête » ; « On ne peut sortir nulle part avec elle, c'est trop la honte » ; « C'est une casse-cou, c'est la troisième fois qu'on finit aux urgences cette année »…

Voilà le genre de complaintes que nous entendons de la part des parents quand ils nous amènent leur enfant en consultation. Quand les parents viennent nous voir, c'est qu'ils ont souvent épuisé toutes leurs ressources éducatives pour faire entrer dans le rang leur enfant mais rien n'y fait. Ils sont démunis et souvent très culpabilisés par l'entourage qui leur reproche leur incompétence parentale. Quel parent d'enfant hyperactif n'a jamais entendu le fameux : « Ton gosse est mal élevé, vous êtes trop laxistes ! Avec moi, je peux te dire qu'il filerait droit… » (« Ah oui ? Comment ? » a-t-on envie de rétorquer). Et les parents de se défendre : « Mais c'est faux, on ne le laisse pas tout faire mais rien ne marche. C'est comme s'il oubliait la consigne aussitôt entendue. »

Sauf que si cela tenait uniquement à une question de « bonne éducation », si tant est qu'il existe un bon modèle, il suffirait d'appliquer une recette pour voir ces enfants changer. Le TDA/H n'est la « faute » de personne et surtout pas le fait de parents démissionnaires. En effet, le trouble déficitaire de l'attention avec ou sans hyperactivité (TDA/H) est un trouble neurobiologique durable qui concerne 5 à 7 % de la population de manière uniforme[1]. Les dernières études scientifiques ont montré qu'il était d'origine génétique à 75 %[2]. Cette altération modifierait la structure du cerveau de sorte qu'il y ait un sous-développement du cortex préfrontal. D'autres facteurs peuvent entrer en jeu, comme l'environnement – exposition à des neurotoxiques

1. Polancyk *et al.*, *American Journal of Psychiatry*, 2007.
2. Faraone & Mick, 2010.

pendant la grossesse ou à la pollution (pesticides, par exemple) – ou les lésions du cerveau, suite à un accident de la route par exemple. Les garçons sont trois fois plus souvent atteints que les filles pour une raison qui reste encore inconnue à ce jour.
Jusqu'à récemment, on pensait que le TDA/H était pour toute la vie et que l'enjeu était, comme pour les troubles dys-, d'apprendre à faire avec en développant des stratégies cognitives et comportementales aidantes. Or, les chercheurs affirment que plus ou moins 50 % des jeunes atteints du TDA/H en seront « guéris » une fois devenus adultes, de telle manière que les IRM ne montrent plus de différence entre eux et les adultes n'ayant jamais eu de TDA/H[1]. C'est une découverte porteuse d'espoir pour les familles.

Les caractéristiques du TDA/H

Le trouble déficitaire de l'attention ou TDA a été renommé en 1994 le TDA/H afin de prendre en compte la possibilité de l'hyperactivité.
Grâce aux neurosciences et à l'imagerie médicale, il a été mis en lumière que, dans les deux formes, TDA ou Hyperactivité, les mêmes zones du cerveau dysfonctionnaient, entraînant des problèmes de connexion entre neurotransmetteurs (messagers de l'information) et synapses (récepteurs de l'information) ainsi qu'une atteinte des fonctions exécutives supérieures.

1. Shaw *et al.*, 2012.

Le TDA/H est divisé en trois types, chacun avec ses propres comportements :

1. Le type inattentif, avec des signes qui incluent :

- la difficulté à faire attention aux détails ou la tendance à faire des erreurs négligentes dans le travail scolaire ou d'autres activités ;
- la difficulté à rester concentré sur les tâches ou les activités de jeu ;
- les problèmes d'écoute apparents ;
- la difficulté à suivre les instructions ;
- les problèmes d'organisation ;
- l'évitement ou le dégoût des tâches nécessitant un effort mental ;
- la tendance à perdre des choses, comme des jouets, des cahiers ou des devoirs ;
- la distractibilité ;
- l'oubli dans les activités quotidiennes ;

2. Le type hyperactif-impulsif, avec des signes qui incluent :

- l'agitation et/ou le tortillement ;
- la difficulté à rester assis, même pendant une courte période ;
- la course excessive ou le fait de grimper partout ;
- la difficulté à jouer tranquillement ;
- l'impression d'être toujours sur la brèche ou monté sur ressorts ;
- la conversation excessive, type logorrhée ;
- les réponses impulsives avant d'entendre la question complète ;
- la difficulté à attendre un tour ou en ligne ;
- les problèmes d'interruption ou d'intrusion ;

3. Le type combiné, une combinaison des deux autres types, qui est le plus commun.
À la lecture de ces caractéristiques, nous comprenons à quel point le quotidien des enfants TDA/H et de leur entourage est difficile. Ce trouble suscite beaucoup d'incompréhension et entraîne souvent une inadaptation scolaire.

Ça coince à l'école

L'enfant TDA/H ne fait pas exprès d'être distrait, d'oublier, d'avoir besoin de gigoter ou de ne pas contrôler son comportement et l'impulsivité de ses réponses. Néanmoins, l'image qui lui est renvoyée est souvent négative et teintée de jugement : « Tu es insupportable » ; « Tu le fais exprès » ; « Tu es mal élevé et ne respectes rien » ; « Tu te fous de tout puisque tu oublies tout ».
Par ailleurs, le déficit attentionnel va entraver le bon déroulement des apprentissages. Ayant énormément de difficultés à être attentif et concentré, l'enfant ne pourra pas bien capter les informations ni mener une tâche jusqu'au bout. Le trouble déficitaire de l'attention atteint également les processus de mémorisation et de repérage dans le temps.
Attention aux enfants qui souffrent uniquement d'un TDA sans hyperactivité. Les plus concernés sont souvent les filles. On les voit comme des petites filles rêveuses et on ne perçoit pas le déficit attentionnel tant elles ne se font pas remarquer. Elles sont sages et rentrent dans le moule... en apparence. Si elles ne participent pas beaucoup, on dira qu'elles sont un peu timides. Si elles ne finissent pas un devoir,

on dira qu'elles sont trop perfectionnistes et appliquées. C'est comme cela que l'on passe complètement à côté d'un diagnostic de TDA et que la prise en charge arrive souvent tardivement dans la scolarité, quand rien ne va plus.

C'est pourquoi le TDA/H a été reconnu comme faisant partie des troubles des apprentissages. Et c'est aussi ce qui fait que les enfants TDA/H sont atypiques, tant il leur est difficile de rentrer dans le moule scolaire. Néanmoins, plus le cadre scolaire est rigide, plus les enfants TDA/H sont en souffrance et s'épuisent à essayer de satisfaire à des exigences comportementales et cognitives qui correspondent justement au champ d'application de leur trouble. C'est pour cette raison que 50 % des enfants présentant un TDA/H et ne bénéficiant pas d'une prise en charge adaptée sont en échec scolaire au collège.

Ça coince à la maison et en société

Quand l'enfant présente un trouble déficitaire de l'attention avec hyperactivité, toute la famille partage un symptôme qui s'appelle : LA FATIGUE ! Voire l'épuisement.

Les chercheurs en neurosciences[1] ont établi la relation entre TDA/H et troubles du sommeil. La majorité des études concerne l'enfant, avec des plaintes subjectives fréquemment rapportées tels que :

- difficultés d'endormissement ;
- sommeil agité et non réparateur ;

1. Mairav Cohen-Zion, Sonia Ancoli-Israel, *Sleep in children with attention-deficit hyperactivity disorder (ADHD): a review of naturalistic and stimulant intervention studies*, 2004.

- réveil matinal très précoce ;
- réveils nocturnes ;
- somnolence diurne.

Or, nous savons que la fatigue n'est pas la bonne compagne de l'autorégulation des émotions et de la sérénité. C'est le syndrome de la poudrière, l'explosion peut arriver à tout moment et de toute part.

Vivre l'hyperactivité en famille consiste, pour les parents, à être tout le temps en hypervigilance. Nous avons peur que l'enfant tombe, qu'il casse des objets, qu'il se blesse, qu'il mette le feu à la cuisine, qu'il ne s'arrête pas au passage piéton ou qu'il saute de n'importe où. Cette hypervigilance vient accroître le ressenti intense.

Vivre avec un TDA/H, c'est voir le rythme du quotidien altéré et mouvementé. Chaque tâche, anodine pour la majorité des enfants, peut devenir une vraie expédition.

Voici une liste non exhaustive des activités quotidiennes qui se transforment en mission digne de la NASA : s'habiller et se préparer pour quitter la maison, ranger une chambre, participer aux tâches ménagères, partager un repas à table plus de cinq minutes, faire les devoirs, prendre une douche, préparer son cartable, etc.

Le TDA/H a également des répercussions sur les relations sociales. Bon nombre de parents que nous recevons déclarent éviter les réunions familiales et/ou amicales. Gênés d'avoir toujours à s'excuser pour le comportement de leur enfant et peinés de ressentir le jugement négatif de leur entourage, voire de subir des reproches, ils préfèrent rester chez eux. Les parents souffrent également de ne pouvoir confier leur enfant à des grands-parents ou à des baby-sitters car rares sont ceux qui proposent leur aide.

Les enfants et adolescents atteints de TDA/H sont les premiers à souffrir de leur trouble qu'ils perçoivent souvent comme une punition. Ils souffrent d'être souvent punis à l'école et à la maison. Ils sont tristes de ne pas être invités chez les petits copains et aux anniversaires. Ils entendent et voient les regards réprobateurs posés sur eux et culpabilisent de rendre malheureux leurs parents. Car, nous ne le répéterons jamais assez, l'enfant TDA/H ne fait pas exprès d'avoir des comportements inadaptés. Ils sont nombreux à affirmer que s'ils pouvaient faire autrement, ils le feraient. C'est le cas des petits patients de 6-7 ans qui disent souvent dans un sanglot : « Mais moi, je veux être gentil ! C'est pas de ma faute si je suis méchant ! » Aïe ! C'est à pleurer. Il n'est pas normal que la seule image renvoyée à un enfant TDA/H soit celle d'être méchant, feignant et/ou dans la lune !

La non-prise en compte du TDA/H comme trouble a une incidence directe sur l'estime de soi et la confiance en soi de l'enfant. Pas facile d'être toujours le perturbateur, celui qui ne se concentre pas, celui qui ne sait pas attendre son tour dans un jeu. Les enfants TDA/H subissent souvent le rejet des autres enfants de l'école, de l'enseignant, de la famille, de leurs frères et sœurs, et même parfois de leurs parents.

Essayer de « redresser » un enfant hyperactif ou le forcer à se concentrer est comme demander à un myope de lire de loin sans ses lunettes, de lui reprocher de ne pas y arriver et de le punir en pensant que ça le motivera à s'appliquer la prochaine fois. Ne pas prendre en compte le TDA/H, c'est enfermer l'enfant – et l'adulte en devenir – dans une spirale de l'échec et de la déception. C'est pourquoi une partie des enfants qui ne bénéficient pas d'une prise en charge adaptée pendant l'enfance développent des troubles dépressifs et anxieux à l'adolescence et à l'âge adulte. Il est donc important de pouvoir diagnostiquer le TDA/H dès que possible.

★ Pourquoi est-il important de poser un bon diagnostic ?

Parce qu'il n'y a pas de test pouvant détecter le TDA/H. Le diagnostic nécessite une évaluation clinique complète et approfondie. À l'aide de multiples questionnaires, d'entretiens avec l'enfant et ses parents, son enseignant, les spécialistes peuvent déterminer s'il s'agit d'un TDA/H après avoir écarté d'autres pathologies ou des troubles ressemblants, tels que la dépression, le trouble anxieux, le trouble oppositionnel avec provocation (TOP), le syndrome de la Tourette, un trouble d'apprentissage comme les dys-, ou encore des comportements liés à la précocité intellectuelle.

Pour confirmer un diagnostic de TDA/H, il est nécessaire que :

- certains symptômes soient présents avant l'âge de 7 ans ;
- les symptômes se manifestent au moins dans deux domaines de vie (maison, garderie, école, activités extrascolaires et relations amicales, bien que leur intensité puisse varier d'un lieu à l'autre) ;

- les symptômes soient présents depuis au moins 6 mois ;
- ces comportements soient plus sévères que chez les autres enfants du même âge.

Une évaluation poussée permettra, également, de faire la distinction entre le TDA/H et des comportements réactionnels conjoncturels comme un décès dans la famille, un divorce, un déménagement, une maladie, un changement d'école, un harcèlement ou toute autre situation qui peuvent atteindre émotionnellement l'enfant et déclencher des symptômes similaires.

★ Alors, c'est tout foutu ?

Heureusement, il n'y a pas de fatalité dans le trouble. Le diagnostic permet de mettre en place une prise en charge adaptée. Elle consiste souvent à une médication, du conseil parental et la mise en place d'une thérapie comportementale.

Il existe une controverse autour de la médication et la fameuse Ritaline©. De notre expérience, le recours au métylphénidate (molécule de la Ritaline©) donne de bons résultats et permet à l'enfant de mieux se concentrer et d'entrer dans les apprentissages, de mieux se contrôler, ce qui aura un effet bénéfique dans ses interactions. Et un vrai effet de boost sur l'estime de soi ! Mais seulement dans certains cas… car les effets secondaires sont parfois tellement forts et handicapants que le jeu n'en vaut pas toujours la chandelle.

Bien que rejetées par la majorité des scientifiques, les médecines alternatives, et notamment la nutrition, permettent d'éviter de recourir à la médication allopathique. Il est recommandé de mettre en place

une alimentation pauvre en sucre et supplémentée en vitamine B1 et oméga 3.
Rappelons-nous que près de 50 % des enfants TDA/H ayant bénéficié d'une prise en charge adaptée et d'un environnement bienveillant guérissent à l'âge adulte. Les autres auront appris à vivre mieux avec leur trouble et à surmonter certains obstacles qui lui sont liés, et deviendront des adultes aussi heureux que ceux qui n'ont pas de TDA/H.
Nous avons tous dans notre entourage des adultes atteints de TDA/H qui ont très bien réussi à s'insérer socialement et à entretenir des relations sociales harmonieuses.

★ Le TDA/H, une force ?

Nous nous devons de constater que la majorité des enfants atteints d'un TDA/H que nous rencontrons en consultation est souvent très créative, fun, intelligente, énergique (pour le type hyperactif), drôle ou artiste. Tout comme les enfants hypersensibles, avec lesquels ils partagent de nombreux traits de caractère, les enfants avec un TDA/H sont attachants, voire même « attachiants » comme disait un de nos fils, tant ils sont uniques, originaux et ne laissent pas indifférents.

LES ENFANTS INTELLECTUELLEMENT PRÉCOCES (EIP)

On les appelle surdoués, précoces, à haut potentiel, sur-efficients, EIP (enfant intellectuellement précoce) ou encore zèbres. Régulièrement, les experts cherchent une terminologie qui pourrait résumer en un mot qui sont ces enfants différents, qui suscitent autant d'admiration que d'agacement. Ces enfants censés être supérieurement intelligents et qui sont pourtant 30 % à se retrouver en échec scolaire au collège.

Cette difficulté à les définir est bien la preuve de l'impossibilité pour ces enfants, au fonctionnement complexe, d'entrer dans les petites cases prévues par les classifications sociales et scolaires. Avec eux, nous plongeons en immersion dans le monde merveilleux de l'atypisme. Non seulement ils ne rentrent pas dans un cadre prédéfini, mais il y a autant de profils originaux et atypiques qu'il y a d'enfants. Ils ont cependant des caractéristiques communes et des différences.

La précocité intellectuelle n'est pas une maladie ou un trouble d'un point de vue médical. Comme pour l'hypersensibilité, c'est un fonctionnement psycho-affectif et cognitif particulier qui concerne seulement 2,3 % de la population, indépendamment de l'origine socio-économique et culturelle. Comme pour tous les enfants atypiques que nous verrons dans cet ouvrage, ce sont souvent l'incompréhension, l'ignorance du fonctionnement et le manque d'adaptation de la société (du moule) qui créent le malaise.

Les caractéristiques des EIP

L'**hypersensibilité** est un des traits dominants des enfants précoces. Nous vous invitons donc à vous reporter au chapitre précédent si vous avez besoin de vous rafraîchir la mémoire.

Chez certains enfants, cette hypersensibilité se traduira par un **grand sens de la justice et une forte susceptibilité**.

Les caractéristiques les plus souvent reconnues pour les enfants précoces sont les suivantes :

- des **acquisitions précoces** avec facilité qui développent peu le sens de l'effort. En effet, l'enfant précoce aura tendance à se décourager rapidement dès qu'il pensera avoir atteint une limite ou qu'un apprentissage lui résistera. Il sera nécessaire de l'aider à voir et à valoriser le chemin parcouru entre le « Je ne sais pas » et « Je maîtrise ce que je souhaite faire » pour l'aider à dépasser le découragement qui arrive très vite ;
- une **pensée en arborescence** et un traitement rapide de l'information. Une idée en amène une autre puis une autre comme sur les branches d'un arbre. Une question ouvrira mille autres questions qui en découleront. C'est un peu comme si le cerveau était en suractivité permanente sans jamais pouvoir mettre sur pause. Les sujets sont traités rapidement, voire scannés, ce qui permet à l'enfant précoce d'avoir une culture très étendue ou une connaissance quasi exhaustive d'un sujet. N'étant pas dans une forme de pensée linéaire et séquentielle, il aura des difficultés à faire le tri et à organiser ses idées. Une pensée qui ne s'arrête jamais entraînera chez lui une grande fatigue nerveuse qui aura une incidence sur ses émotions. C'est souvent lorsque l'enfant pense trop que les grosses crises de larmes, de colère arrivent ;
- dans un système d'apprentissage traditionnel qui traite l'information de manière analytique et séquentielle, l'enfant précoce développera de manière laborieuse ses arguments, s'il prend le temps de le

faire. Il n'explique pas les « évidences », le prof le sait déjà de toute façon !

- une **mémoire de travail très performante**. L'enfant précoce peut mémoriser sans effort des informations qui l'intéressent et ce pendant très longtemps. Il va aussi garder en mémoire des souvenirs précis d'événements.
- un **décalage entre maturité intellectuelle et maturité affective**. Même si le cerveau de l'enfant précoce peut penser « plus grand » que son âge, son expérience vécue et sensible sur Terre correspond bien à son âge chronologique. Il en découle donc, parfois, un décalage plus ou moins flagrant en fonction des enfants entre la maturité intellectuelle et la maturité affective.
- une **relation aux autres complexe**. Le décalage entre la maturité intellectuelle et la maturité affective vient également renforcer une incompréhension avec certains de ses pairs qui ne partagent pas souvent les mêmes centres d'intérêt. L'enfant précoce préférera souvent s'isoler que d'être confronté aux autres.
- un **questionnement permanent du cadre, de ses règles et de son sens**. L'enfant précoce ressent très vite les failles du système qu'il va interroger de manière logique et implacable. Sa grande lucidité peut parfois mettre les adultes en difficulté et un « C'est comme ça et pas autrement » ne pourra jamais être un argument valable à ses yeux.

Incidences sur le quotidien et les apprentissages

À l'école, malgré une mémoire performante, c'est un enfant qui va préférer comprendre à mémoriser. Cela va lui donner l'illusion de bien savoir mais il ne gardera que l'essentiel, et nombre de détails et d'automatismes vont lui manquer pour les contrôles. Ce qui a été très bien compris ne sera pas forcément restitué comme il faut lors des évaluations. Par ailleurs, la pensée complexe de l'enfant précoce aura parfois des difficultés à comprendre les consignes qui soit semblent « trop simples », soit prêtent à interprétation et le paralysent : « Que dois-je faire ? »

Sakina, atypique, maman de deux enfants atypiques

Être parent d'un enfant surdoué n'est pas une promenade de santé tous les jours, tant ce fonctionnement différent impacte la vie à l'école et à la maison. Face aux difficultés de mon enfant, j'essaye de l'accompagner du mieux que je peux. Cela se résume à :

- Comprendre et écouter ses besoins tout en essayant de l'aider à trouver un comportement lui permettant de s'adapter au milieu scolaire.

- Garder confiance en lui en dépit des difficultés.

- Maintenir un niveau d'étude, de curiosité et de culture générale et lâcher prise sur les résultats.

- Arrêter cette petite voix qui continuait à me dire : « Il pourrait faire tellement mieux !!... »

- Rassurer mon époux qui avait et a toujours peur qu'il décroche, qu'il gâche sa vie... et lui apprendre à faire confiance à l'intelligence de son enfant.

Si la précocité intellectuelle apporte son lot de difficultés, elle offre aussi une richesse de vie insoupçonnée. S'ils sont compris et respectés, les surdoués peuvent devenir des adultes épanouis. Leur cerveau atypique fait d'eux des créatifs, des innovateurs, des défricheurs, des empêcheurs de tourner en rond, des artistes, des rêveurs, des « Géo Trouvetou », des leaders charismatiques, des originaux et des humains doués d'une grande humanité qui contribuent à rendre le monde meilleur.

Vous l'aurez compris, être atypique peut être vécu, par les atypiques eux-mêmes ou par leur entourage, comme une galère au quotidien dans un environnement trop normatif ou dont il est difficile de comprendre les codes.

Toutefois, si l'on réinterroge cette fameuse norme et si l'on parvient à décoller l'étiquette « Gros problème » de notre atypique, étiquette supra collante, on peut alors affirmer qu'être atypique peut être une chance, avec un slogan aussi emballant qu'« Être différent, c'est exaltant ! ».

Comme nous le disons souvent aux parents des petits atypiques, nous allons maintenant vous accompagner pour traverser la rue et marcher du côté ensoleillé. En réinterrogeant d'abord l'évaluation qui enferme pour mieux s'en libérer, en réaffirmant l'importance du soutien parental et la construction d'un socle de confiance en soi. En découvrant enfin comment la psychopédagogie positive et ses outils peuvent nous aider à faire de l'atypisme une chance pour pouvoir dire : « Sois l'atypique que tu es ! »

ÊTRE ATYPIQUE, QUELLE CHANCE !

Avez-vous remarqué comme les enfants sont, en général, très heureux à l'idée de rentrer à l'école ? L'école, cet espace que nous leur « vendons » comme le lieu de belles découvertes, de jeux, de musique, de rires, de copains, d'activités hyperintéressantes...

Une école qui désenchante nos enfants

Comment expliquer alors qu'après quelques années, voire pour certains quelques jours, seulement 42 % des enfants déclarent se sentir bien à l'école ? Ce qui signifie aussi que plus de la moitié des enfants s'y sentent mal. Ouille !

C'est ce qui ressort des conclusions du séminaire « École et République » conduit par le Collège des Bernardins en juin 2016. L'étude qu'ils ont publiée porte sur 34 pays de l'OCDE et vise à affiner et à approfondir le classement PISA[1]. Notamment en introduisant cinq indicateurs différents : l'efficacité,

1. Programme international pour le suivi des acquis.

l'efficience, l'équité, l'engagement des professeurs et l'engagement des élèves. Cette étude montre également que les enseignants français sont parmi ceux des pays européens qui présentent le taux d'absentéisme le plus élevé, manifestent peu d'enthousiasme et le moins d'investissement. Ils sont nombreux à avouer leur mal-être et leur lassitude de rabâcher toujours les mêmes choses pour finalement peu d'efficacité sur une majorité des élèves.

En regardant l'étude des Bernardins un peu plus en détail, on constate qu'en mathématiques et en compréhension écrite les élèves français se situent dans la moyenne (14e/34). De même, l'investissement dans l'éducation est plutôt rentable (bon rapport entre dépenses pour l'éducation et résultats des élèves). Mais le bât blesse en termes d'équité. La France n'arrive pas à mener les élèves défavorisés vers la réussite. Aïe !

Nous ne sommes pas du tout surprises par les résultats de cette étude, ni par les résultats de chaque nouvelle édition de l'enquête PISA, où la France s'enfonce un peu dans le classement.

Apparemment, les « penseurs » de l'Éducation nationale n'ont pas remarqué que le monde a changé ces dernières années. À l'heure d'Internet, des tablettes numériques, des cartables électroniques et autres écrans interactifs, force est de constater que la manière d'enseigner diffère peu de celle que nous avons connue.

Un enseignement très académique et déconnecté du réel

L'enseignement en France reste très académique, vertical et magistral par rapport à l'évolution du monde,

comme le souligne Andreas Schleicher, directeur allemand de l'OCDE dans une interview donnée au journal *Le Monde* en 2014.
« Les élèves français sont en décalage avec le reste du monde. Le monde moderne se moque bien de ce que vous savez. Il s'intéresse à ce que vous savez en faire. Il a besoin de gens créatifs, capables de croiser les sujets quand l'école française fait encore trop réciter des leçons. [...] En France plus qu'ailleurs, on n'enseigne pas suffisamment ce qui sera pertinent pour réussir sa vie ! »
En résumé, nous subissons un système éducatif obsolète, qui démotive et fait souffrir élèves et enseignants. Un système qui prône l'égalité sans être capable de garantir l'équité. Rappelons que l'égalité, c'est le fait que tout le monde ait le même statut et les mêmes droits. L'équité, c'est l'ensemble des moyens mis en œuvre pour parvenir à l'égalité. Cela signifie que l'on va s'adapter à la situation de chacun pour que tous démarrent avec le même niveau de chances.
Malgré des textes de loi et des PAI et PPRE[1] en tous genres, nous constatons tristement que l'école française n'est pas équitable puisqu'elle n'arrive pas à s'adapter à chaque élève. Ce constat est encore plus alarmant en ce qui concerne les Zatypiques.
Quand, par exemple, un enseignant dit que ce n'est pas juste vis-à-vis des autres élèves de la classe de raccourcir la dictée pour un élève présentant une dyslexie, c'est l'illustration parfaite de l'incapacité du système à garantir l'équité.

1. Programme personnalisé de réussite éducative.

Équité qui, dans ce cas, consisterait justement à prendre en compte le trouble et à adapter la méthode d'évaluation pour que chacun puisse se sentir en réussite. C'est ce que nous considérons être la vraie égalité des chances.

CHAPITRE 1

CHANGER DE REGARD SUR LES ATYPIQUES

Si nous voulons vraiment mettre en œuvre l'égalité des chances, alors il est nécessaire de changer le regard que nous portons sur ces enfants qui ne rentrent pas dans le moule. Cela implique que l'institution scolaire évolue. Cela demande également aux parents de revisiter leurs croyances et de faire le point sur leurs attentes : voulons-nous en tant que parents que nos enfants soient les premiers de la classe ou voulons-nous qu'ils soient épanouis et confiants ?

L'ÉCOLE, LE RÉVÉLATEUR DE L'ATYPISME

La plupart des parents que nous rencontrons sont assez unanimes, c'est à l'entrée dans le milieu scolaire que l'« atypisme » de leur enfant leur a été révélé et/ou a été vu comme un problème. Les atypiques sont en général démasqués par les enseignants en raison de leur difficulté à se rallier à la norme scolaire.
Ces fameux enfants qui, pour une raison ou une autre, parfois non identifiée, n'arrivent pas à endosser le costume de l'élève attendu que l'on pourrait décrire ainsi :

- travailler toutes les matières ;
- avoir envie d'obtenir des bonnes notes et entrer dans la compétition ;

- être sage, attendre son tour pour parler, prendre la parole ;
- accepter les décisions ou les comportements des adultes quoi qu'il arrive ;
- arrêter de se préoccuper de ses camarades et de vouloir parler pour eux.

Il est triste de constater que l'enfant atypique est identifié pour ses supposées défaillances plutôt que pour ses talents et son originalité. Mais pourquoi ses défaillances sont-elles si visibles ? Parce qu'il va passer, comme tous les élèves, par les mailles de l'évaluation massive.

★ Notre cher système d'évaluation

Le système éducatif français est basé sur le socle commun des connaissances et des compétences. Ce socle commun est la disposition majeure de la loi d'orientation et de programme pour l'avenir de l'école du 23 avril 2005. Le contenu de ce socle commun a été organisé autour de sept grandes compétences[1] qui définissent un ensemble de valeurs, de connaissances, de langages et de pratiques :

- la maîtrise de la langue française ;
- la pratique d'une langue vivante étrangère ;
- les principaux éléments de mathématiques et la culture scientifique et technologique ;
- la maîtrise des techniques usuelles de l'information et de la communication ;
- la culture humaniste ;
- les compétences sociales et civiques ;
- l'autonomie et l'initiative.

1. Décret du 11 juillet 2006.

C'est ce socle commun qui sert de référence pour la rédaction des programmes de tous les niveaux scolaires. Ces sept compétences représentent ce que chacun est censé savoir en fin de scolarité obligatoire.
L'acquisition des compétences s'effectue de manière progressive. Il existe trois paliers d'évaluation du socle commun de connaissances et compétences :

- le premier palier à l'école primaire, en fin de CE1, mesure le degré d'acquisition de trois compétences : maîtrise de la langue française, principaux éléments de mathématiques et compétences sociales et civiques ;
- le deuxième palier, en fin de CM2, fait le bilan des acquisitions de l'élève pour les sept compétences à la fin de l'école primaire ;
- le dernier palier, qui se situe à la fin de la scolarité obligatoire, est organisé en fin de troisième au collège.

En plus de ces paliers d'évaluation du socle commun, le système est basé sur l'évaluation constante des connaissances et des compétences. Pour cela, les notes sont souvent le seul outil d'évaluation des élèves. En 2014 déjà, le Conseil supérieur des programmes proposait à la ministre de l'Éducation nationale de supprimer les notes et les moyennes jugées artificielles. Le sujet fait toujours débat aujourd'hui et des expérimentations pédagogiques sur d'autres formes d'évaluation (évaluation sans note, évaluation bienveillante...) sont régulièrement mises en place au sein des écoles et/ou des collèges sans pour autant parvenir à faire l'unanimité et être généralisées.
La Conférence nationale sur l'évaluation des élèves qui s'est tenue en février 2015 a préconisé sept

recommandations dont la plus emblématique a été l'abandon des notes jusqu'à la classe de sixième incluse. En effet, la notation découragerait les élèves, notamment ceux qui ont le plus de difficultés. Considérant que la majorité des élèves était évaluée autrement, principalement en maternelle et en primaire, par un système de pastilles de couleurs ou de pictos (bonhomme souriant, neutre, pas souriant, nuage, soleil...), le ministère de l'Éducation nationale n'a pas suivi cette recommandation.

On nous demande souvent si nous sommes pour ou contre les notes. Question qui nous laisse dubitatives. En effet, nous pensons que ça n'est pas l'évaluation qui pose problème mais ce qui en est fait. Il est temps, selon nous, de couper court à la manière dont l'évaluation s'applique, qu'elle soit notée, imagée, colorisée... Peu importe. Les élèves ne sont pas stupides et savent bien qu'une pastille rouge n'a pas la même valeur qu'une pastille verte.

L'aspect vertueux de l'évaluation, quelle qu'en soit la forme, est de rendre compte des progrès des élèves afin de les aider à progresser. Or, trop souvent l'évaluation conduit à une concurrence entre les élèves, voire à des discriminations. Ça n'est pas l'évaluation qui permet de progresser mais la manière dont elle est réalisée. Une évaluation basée sur le résultat et sanctionnée par une note couperet, qui augmente ou diminue la moyenne, ne sert à rien. Les élèves s'en emparent et jouent du système sans construire une réelle confiance dans leur manière d'apprendre : « J'ai eu 5 en maths mais c'est pas grave parce que comme j'ai une bonne note en EPS, ma moyenne générale ne va pas baisser. »

Les patients que nous recevons, et leurs parents, sont toujours dans une vision binaire des notes, vécues comme une fatalité. Bonnes/Mauvaises. Bien/Pas bien. L'évaluation décourage une grande majorité des élèves, notamment ceux présentant des difficultés, et angoisse les « bons » élèves qui sont persuadés que tout peut s'arrêter du jour au lendemain. Ils n'ont souvent aucune conscience de leurs aptitudes, de leurs compétences et de leurs capacités. Même les élèves qui réussissent arrivent dans notre cabinet avec un niveau d'anxiété maximal.

Nous avons régulièrement entendu des :

« J'ai eu une pauvre note ! J'suis nul !

— Ah bon ? Combien ?

— 14/20, c'est naze, c'est même pas la moyenne !

— Ah ! Quelle est la moyenne pour toi ?

— Ben 15 ! En dessous, c'est pourri. »

★ Changer l'évaluation : de l'égalité à l'équité pour une école plus inclusive

Nous ne cesserons de le répéter inlassablement, ça n'est pas l'évaluation qui permet de progresser mais ce que l'on fait de cette évaluation.

L'évaluation, telle qu'elle est majoritairement institutionnalisée, est mise en place pour un élève type, dans la moyenne, « normal ». Quid de tous les atypiques ? Comment évaluer un élève atypique, hypersensible, présentant des troubles d'apprentissage et/ou précoce ?

Lors d'une réunion d'équipe éducative où nous envisagions la mise en œuvre d'un PAI pour un élève dyslexique, nous avons entendu la professeure de mathématiques affirmer qu'il n'était pas possible d'alléger le nombre d'exercices pour cet élève car l'évaluation ne serait pas juste pour les autres ! Non seulement elle ne respectait pas le cadre de la loi pour la prise en charge des élèves ayant un trouble des apprentissages, mais elle confondait égalité et équité, comme nous l'avons vu plus haut.

Beaucoup d'atypiques que nous recevons refusent d'ailleurs d'avoir une évaluation différenciée en classe pour ne pas être stigmatisés. Ils pensent également que cette évaluation n'aura pas la même valeur, qu'elle sera au rabais s'ils ne font pas la même que les autres. Or, bien souvent, ils ne parviennent pas à finir ce qui leur est demandé, soit à cause d'un stress trop fort et/ou d'une lenteur dans le traitement de l'information, soit en raison d'une mauvaise interprétation des consignes... Ils « ratent » leur évaluation et la sanction de la « mauvaise » note vient renforcer leur sentiment d'être nul et que tous les efforts de la terre ne servent à rien.

Difficultés, troubles, différences, handicap, comment s'y retrouver ?

La loi pour l'égalité des droits et des chances[1], la participation et la citoyenneté des personnes handicapées a, dans son article 114, défini la notion de handicap : « Constitue un handicap, au sens de la présente loi, toute limitation d'activité ou restriction de participation à la vie en société subie dans son environnement par une personne en raison d'une altération substantielle, durable ou définitive d'une ou plusieurs fonctions physiques,

1. La loi n° 2005-102 pour l'égalité des droits et des chances.

sensorielles, mentales, cognitives ou psychiques, d'un polyhandicap ou d'un trouble de santé invalidant. »
Certaines difficultés et troubles sont considérés comme des handicaps invisibles. Détendons-nous, handicap n'est pas un gros mot même s'il fait encore peur au XXIe siècle. Plus le handicap est reconnu, plus nous sommes obligés de le prendre en compte et d'adapter la prise en charge. Nous rappelons ici qu'il y a encore des établissements qui refusent d'accueillir des élèves porteurs de handicap.
Toutefois, force est de constater qu'il existe, dans notre société, une différence de jugement envers ceux qui souffrent d'un handicap visible et ceux qui souffrent d'un handicap invisible. Exemples de handicaps visibles : paralysie, mutilation, cécité, surdité, déficience mentale (liste non exhaustive). Ce genre de handicap, aussi pénible et traumatique à vivre, suscite la plupart du temps de l'empathie et de la compassion (au pire de la pitié… beurk) ; en tout cas, une reconnaissance.
Les handicaps invisibles comme l'hypersensibilité et les troubles d'apprentissage associés seront beaucoup moins pris en considération puisque, justement, ils ne se voient pas. L'on tombera souvent dans un jugement de valeur dû à une méconnaissance. « Il se débrouille très bien à l'oral, je ne vois pas pourquoi il n'arrive pas à rédiger ! C'est un peu de la fainéantise à mon avis. »

Nous n'allons pas nous lancer dans une description exhaustive de toutes les formes d'évaluation, des ouvrages experts l'ont fait pour nous. Par ailleurs, Internet regorge de sites, travaux et informations autour de la question de l'évaluation, de sa remise en cause et de pistes de réflexion passionnantes pour imaginer d'autres approches.

Lorsque l'on aborde la question de l'évaluation, nous parlons de celle que la majorité des élèves, de leurs parents et du grand public connaît, c'est-à-dire l'évaluation sommative[1] qui vérifie que les savoirs sont acquis.

L'évaluation est principalement basée sur la capacité à lire des documents, à répondre à l'écrit à des questions, à savoir rédiger et construire une pensée linéaire, logique et séquentielle dans un temps imparti.

Les différents examens qui jalonnent les études, comme le brevet des collèges ou le bac, en sont un parfait exemple. Même les bacs professionnels, qui comprennent une partie pratique, conservent toujours des épreuves écrites.

Cette forme d'évaluation met de nombreux atypiques en échec.

Il est donc temps de faire autrement et de changer ce système obsolète et inéquitable.

★ Changer la formation des enseignants

Dans le cadre des formations que nous dispensons en psychopédagogie positive, nous avons la chance de rencontrer de nombreux enseignants bien résolus à changer leur manière d'enseigner. Des enseignants qui osent tenter de nouvelles approches dans leur classe. Des enseignants qui ont compris qu'il ne fallait pas attendre de grandes réformes venant du haut de

1. C'est une évaluation dont la fonction est de certifier que les apprenants maîtrisent les objectifs définis par le système, et qui débouche sur une décision d'acceptation ou de refus dans un niveau supérieur, ou sur une décision de classement.

la pyramide et qu'ils avaient un champ d'action et de liberté à leur niveau.
Ces enseignants sont de plus en plus nombreux à faire leur « coming out » et à dire que leur formation initiale, totalement déconnectée de la réalité, ne leur permet pas de démarrer dans le métier avec les compétences nécessaires pour mettre en réussite tous les élèves.

Paul, directeur du lycée français Winston-Churchill de Londres, ancien professeur d'histoire-géographie

Il ne devrait pas y avoir d'enseignants d'atypiques mais des enseignants. Des passeurs, des catalyseurs, des « exhausteurs de potentiel ». La classe est une notion administrative. Ni éducative ni pédagogique en soi. C'est pourquoi la différenciation est au cœur du débat. Considérer chaque élève comme atypique aurait été l'idéal. En même temps, on ne peut pas nier que certains élèves sont plus éloignés d'un centre (défini ou fantasmé) et qu'il convient donc de trouver des stratégies pour qu'ils se sentent intégrés.

Dans mon quotidien de travail, je rencontre ou j'ai pu rencontrer certaines difficultés. Elles sont de trois ordres :

1. Faire comprendre qu'il faut arrêter de donner les mêmes régimes scolaire, éducatif et intellectuel à tous les élèves. Il n'y a qu'à regarder les chiffres sur le bien-être et la réussite à l'école.

2. Faire comprendre qu'il ne s'agit pas de moyens (au sens matériel) mais de volonté. Celle de s'informer plus (comment fonctionne et évolue le cerveau d'un adolescent), de travailler plus (différencier, imaginer des scenarii, introduire plus de composantes dans son enseignement…), de mieux accueillir/intégrer (personne n'a envie d'échouer et d'être isolé a priori).

3. Avoir suffisamment d'autonomie dans le pilotage scolaire pour faire ce qu'il faut et pas ce qu'on doit.

Il est nécessaire de proposer une formation plus complète pour les personnes qui entourent l'élève : donner les moyens de connaître, observer, réfléchir, comparer, essayer, se tromper, recommencer, comprendre, acquérir une culture de l'inclusion et de la différenciation. Et ce, afin d'installer une évidence de l'acceptation de la différence et de l'accompagnement personnalisé. Une culture ouverte qui part de la créativité de chaque élève et pas une culture fermée dans laquelle on les emprisonne.

Ma plus belle rencontre avec un élève ? Celle de B., élève en qui l'École ne croyait plus (comme si c'était acceptable !) et qui ne croyait plus en elle (ce qui peut être compréhensible). Son cerveau, depuis toujours incroyable, n'a pas changé. Mais ses regards (sur l'école, les adultes, les enseignants, lui-même...) ont changé. Et j'ai encore la chance de l'accompagner sur le chemin de la réussite scolaire. Je ne sais pas si B. est atypique (un peu quand même) ou incompris. Le plus souvent, ce n'est pas le poisson qu'il faut changer, mais l'eau dans laquelle il évolue.

Cette philosophie d'enseignement fait grandir la confiance. La prise de conscience s'opère et se développe, le parcours se clarifie, la réussite, c'est-à-dire le choix de faire, arrive.

L'impact sur les relations sociales est forcément meilleur. On va évidemment mieux avec les autres quand on va mieux avec soi. Et l'École, c'est toute la vie des enfants et des adolescents dans nos sociétés. Leurs souvenirs se fixent au début de l'âge scolaire ; ils passent 36 semaines par an (sur 52) dans l'école et certainement beaucoup d'autres à y penser (et cela vient rarement d'eux-mêmes) ; ils subissent la forte pression institutionnelle, familiale et sociale du parcours et de la réussite scolaires. Très souvent, les premières sources d'angoisse tournent autour de la vie à l'école. Il vaut mieux donc que cela se passe bien.

Mon conseil : ne jamais laisser penser que ne pas être comme les autres est un problème. C'est être soi, donc ce n'est pas négociable. Je parle du soi ontologique. Par contre, si être soi peut être hors norme, cela ne peut pas être hors règle. L'atypisme en famille, en société, au travail, n'est donc pas « faire ce qu'on veut » mais « être qui on veut ». Il faut aussi faire attention au vocabulaire, aux comparaisons (c'est tellement fréquent à l'école avec d'autres élèves ou à la maison avec la fratrie) et à valoriser ce qui n'est pas commun. La plus géniale des astuces ne serait pas de faire penser aux atypiques qu'ils sont normaux mais de laisser penser à tous les autres qu'ils sont atypiques et qu'ils doivent l'assumer et le cultiver. »

Sandra, enseignante en collège-lycée

Chaque élève est atypique ! Par son histoire, son vécu scolaire, ses compétences, sa sensibilité. Le mélange de tout ne donne jamais le même enfant. Quand j'ai compris ça, je me suis mise à faire cours à une bande d'atypiques, en essayant de mettre en valeur le talent de chacun. Parfois ça marche, parfois ça rate. Mais pour moi, ce n'est pas grave, puisque chacun est présent pour ce qu'il est et non pour ce qu'on attend qu'il soit ; ce qui, pour moi, reviendrait à nier l'élève et la personne.

Ma vision de l'enseignement :

- Avoir une pédagogie de projet pour que les atypiques saisissent le sens. Démarrer un cours en disant : « Aujourd'hui, notre objectif est d'identifier des images poétiques. C'est quoi pour vous des "images poétiques" ? À quoi ça va nous servir de les reconnaître dans un texte ou ailleurs ? »... et à la fin du cours : « Qu'est-ce que vous avez appris pendant cette heure ? Est-ce que c'est O.K. par rapport à ce que nous avions décidé au début ? Oui, non ? Et si non, pourquoi ? »

- Entretenir le travail collaboratif, petits groupes, binômes... pour que les atypiques s'aperçoivent que, parfois, ils compliquent un peu tout dans leur tête et que, en travaillant avec d'autres, ça roule.

– Travailler par compétences : ce que je sais faire, ce que je peux améliorer pour sortir de bien/mal ; réussi/raté ; bon/nul... Recevoir les élèves individuellement, pour parler. Leur donner du temps, de l'écoute gratuite, déliée des notes, des cours et des devoirs... en restant le prof et l'élève mais en soignant notre humanité. L'école, parfois, n'est pas très humaine.

★ *Quid* des écoles alternatives ?

Face au système scolaire qui peine à s'adapter aux différents enfants (quelle que soit leur différence), la tentation de l'éducation alternative est grande. Quand le mal-être s'installe à l'école, que l'on a tout essayé et que, malgré cela, l'enfant ou l'ado décroche ou manifeste de la souffrance, les parents sont tentés de retirer leur enfant du système classique afin de tester les écoles alternatives ou l'instruction en famille.

Il est donc logique de constater, depuis quelques années, une recrudescence de créations d'écoles alternatives. Montessori, Steiner ou Freinet… En 2013, on comptait, en France, 352 écoles et 1 457 collèges engagés dans des démarches d'innovation ou d'expérimentation et accompagnés par le ministère de l'Éducation nationale[1], sans compter les structures hors contrat avec l'État.

Bien qu'elles aient chacune leur spécificité, les écoles alternatives ont un point commun : elles accueillent chaque enfant en le prenant comme un être unique. Elles cultivent la tolérance face aux différences.

1. Bilan national du réseau de l'innovation, sept. 2013, ministère de l'Éducation nationale.

Ces écoles présentent de nombreux avantages :

- elles favorisent la créativité. Place aux artistes, inventeurs, musiciens, bricoleurs et poètes ;
- elles laissent l'enfant faire des choix et boostent la confiance en soi et l'autonomie ;
- elles respectent le rythme et la personnalité de chacun.

Attention cependant aux inconvénients :

- les frais de scolarité assez élevés ne conviennent pas à toutes les bourses ;
- la plupart des écoles sont hors du système scolaire classique et parfois le retour au collège ou lycée peut se révéler difficile ;
- certaines écoles sélectionnent à l'entrée et se transforment en écoles élitistes;
- certaines écoles n'offrent pas un cadre assez structuré et sécurisant pour des enfants très sensibles.

Nous ne voyons pas les écoles alternatives d'un mauvais œil. En revanche, cela nous invite à nous questionner : est-il normal de se saigner financièrement et de faire parfois des dizaines de kilomètres de transport pour offrir à nos enfants atypiques un cadre que l'école n'est pas capable de leur fournir ? L'idéal serait d'intégrer les pédagogies douces dans l'enseignement classique. Nous sommes ravies de constater que l'idée fait son chemin.

Nous conseillons toujours aux parents tentés par l'alternative de bien se renseigner sur l'école. Ce n'est pas la pédagogie enseignée qui pose problème, c'est la manière dont le cadre est posé. Il peut être intéressant de recueillir le témoignage de plusieurs parents d'élèves avant de prendre une décision.

Nous constatons dans notre pratique que la majorité des parents qui se tourne vers l'éducation alternative le fait plus par nécessité que par conviction. Certains se sacrifient financièrement et humainement pour essayer de trouver une solution. Nous connaissons des papas ou des mamans qui ont quitté leur job pour faire l'école à la maison. Certains vivent l'expérience en famille de manière harmonieuse. Pour d'autres, cela vire au cauchemar. Il en est de même des écoles alternatives. Certains enfants trouvent la bulle d'oxygène qui leur manquait et la reconnaissance dont ils ont tellement besoin. Ils se font des copains et retrouvent le goût d'aller à l'école. Pour d'autres, l'absence de cadre dans certains endroits peut transformer l'école en une fabrique de violence.

★ La maison : le socle de la confiance en soi

En général, quand les parents prennent rendez-vous pour une consultation, c'est qu'ils ont été alertés soit par l'école au sujet du comportement et/ou des résultats de leur enfant, soit par leur entourage sur ses « bizarreries » et/ou parce qu'ils sont eux-mêmes confrontés à des difficultés comportementales et relationnelles au quotidien. Nous voyons souvent arriver des parents, inquiets, déçus, tristes, agacés, voire excédés, et des enfants qui ne savent pas vraiment pourquoi ils viennent voir « la dame ».

En fonction de leur âge et de leur vécu, les enfants sont plus ou moins en souffrance. Certains ne voient pas le problème et ont l'air d'en souffrir moins que leurs parents. D'autres, en revanche, sont déjà bien abîmés et présentent une faible estime d'eux-mêmes.

Dans tous les cas, la tension entre parents et enfants est palpable, même quand l'amour et l'admiration réciproques sont visibles.

★ Revoir ses croyances et ses représentations

Quand on est parent d'un enfant atypique, il est souvent difficile de lâcher prise et de faire le deuil de l'enfant idéal. Chaque parent a sa propre histoire familiale, et son histoire d'école. Chacun a reçu un modèle d'éducation qui est propre à sa famille d'origine. Nous héritons tous d'un système de valeurs, de croyances qui façonnent nos représentations, notre « carte du monde ». Quand l'enfant ne correspond pas à ce modèle, ça peut être déstabilisant. Alors pendant un temps, pour se rassurer, chaque parent essaye de faire en sorte que l'enfant rentre dans le rang. Il va dépenser beaucoup d'énergie afin de réduire l'écart entre l'enfant idéalisé et l'enfant réel (celui qui est différent, avec ses comportements inadaptés). Cette période, plus ou moins longue, va être le théâtre de scènes familiales hautes en couleurs.

Marion, maman d'Anatole, 8 ans, charmant garçon atypique

Au début, on ne comprenait pas la situation, on essayait de se remettre en cause mais nous avions chacun une éducation différente avec chacun notre modèle. Nous étions continuellement dans le conflit. Le négatif prenait le pas sur le positif. Sans compter une partie de la famille qui estimait que c'était juste un problème d'éducation. Tout le monde y allait de son bon conseil sans savoir réellement ce que nous vivions au quotidien.

Les crises, les larmes, les punitions et les jugements – « Tu es feignant », « Tu le fais exprès pour nous gâcher la vie », « Tu es méchant », « Tu es chochotte », « Tu es débile » – sont malheureusement trop souvent de la partie. Ils sont le résultat de la frustration, de l'incompréhension et de l'impuissance de parents inquiets et souvent épuisés.

C'est pourquoi l'atypisme enferme souvent dans le système de la double peine. Non seulement les enfants souffrent de leur atypisme à l'école et en dehors de la maison, mais ils subissent également l'incompréhension de leurs proches. La double peine consiste à punir un enfant à la maison pour une bêtise qu'il aurait faite à l'école alors qu'il a déjà été puni par l'enseignant.

La double peine, c'est être confronté au rejet et à l'incompréhension de ceux qui vous trouvent « bizarre » et voir dans le regard de vos parents toute la déception de ne pas être l'enfant idéal dont ils avaient rêvé.

C'était le cas du papa de Lauriane, jeune fille adorable, intelligente avec une dyslexie mixte, dont les résultats de cinquième étaient assez alarmants. Issu d'une famille d'ingénieurs et ingénieur lui-même, il nous avait un jour confié : « Vous vous rendez quand même compte que, si elle continue comme ça, si elle ne trouve pas vite un mari, elle n'aura pas de métier et elle va finir clocharde. » Aïe ! aïe ! nous en avons mal à notre féminisme !

C'est dire à quel point la dyslexie de sa fille et donc sa difficulté à obtenir de bons résultats à l'école étaient douloureuses et anxiogènes pour ce papa, enfermé dans un schéma de croyances limitantes. Il lui a fallu beaucoup de courage pour accepter que sa fille ne soit peut-être pas ingénieure et qu'elle puisse trouver un métier où elle s'épanouisse tout en lui permettant de subvenir à ses besoins, sans être forcément dépendante d'un mari.

Avoir un enfant atypique demande, en effet, beaucoup de courage, de patience, d'espoir et de souplesse psychologique.

Mickaël, 24 ans, dentiste, pianiste, écrivain

Si les parents acceptent mon atypisme, c'est tout gagné. J'ai l'appui le plus important. S'ils ne l'acceptent pas, ça risque d'être plus compliqué et conflictuel. Avant que mon père apprenne que ma sœur et moi étions atypiques, ils nous criaient beaucoup dessus pour les devoirs. Je pleurais car je ne comprenais rien en maths. Ma sœur pensait même qu'elle était bête. Une fois son trouble de l'attention révélé au grand jour, la situation s'est complètement inversée. On a cherché des stratégies d'adaptation pour réajuster son niveau. Non seulement elle a commencé à avoir des bonnes notes, mais elle a aussi pu reprendre confiance en elle.

Pour le bien-être de l'enfant et celui de ses parents, il est nécessaire de faire un tri entre ce qui est vraiment important et ce qui l'est moins. Il faut que les parents revisitent leur schéma éducatif pour ne garder que ce qui peut être bénéfique au développement de leur enfant avec pour seul objectif de l'aider à devenir un adolescent puis un adulte heureux et bien dans ses baskets.

David, 21 ans, fils aîné d'Audrey

J'ai pendant longtemps voulu rester dans « le cadre » et suivre un parcours dit classique, que ce soit dans le travail ou dans la vie. Mon parcours jusqu'au bac a été chaotique. J'avais un an d'avance que j'ai perdu ensuite. En CE2, j'ai été diagnostiqué EIP et dépressif. Ma mère a tenté de trouver des solutions pour m'aider. Après un passage dans une école alternative (qui m'a permis de reprendre confiance en moi), le retour dans le circuit classique a été douloureux jusqu'au bac, que j'ai obtenu. Pendant trois ans, j'ai bien tenté de faire des études, d'abord en médecine, que j'ai arrêtées au bout d'un mois, puis en CAP cuisine, que j'ai abandonné au bout de trois mois pour tenter l'année d'après une école de commerce qui ne m'a plus vu dès le mois de novembre.

J'ai donc décidé de changer complètement et de suivre mon intuition. Nouveau travail, nouvelle vie ! J'ai postulé pour faire un stage dans un centre de recherche sur les techniques innovantes en agriculture. Je vis en plein désert depuis deux mois et j'ai hâte, chaque matin, de me lever pour participer aux recherches en culture hydroponique. Mon environnement a radicalement changé. Vivre au quotidien sous un climat extrême est une expérience en soi très éloignée du confort de mon Paris 16ᵉ. Socialement, le changement est tout aussi radical. Je fréquente des chercheurs et des agriculteurs de nationalités différentes. Je partage mon préfabriqué avec un doctorant vietnamien qui fait une thèse sur la spiruline.

J'ai toujours trouvé que faire des études longues pour apprendre peu de pratique et beaucoup de théorie ne me serait pas utile, si ce n'est d'avoir un diplôme en papier accroché au mur. Je pense que mon choix actuel est celui qui me convient le mieux.

En tout cas, j'ai l'impression d'avoir appris dix fois plus de choses ici que pendant toute ma scolarité et je ne me suis jamais senti aussi bien ! Je vais rester encore quelques mois au centre et ensuite je verrai où la vie me mène et j'ai confiance.

Cela nous oblige à nous interroger sur ce qu'est une vie heureuse et réussie. Se mesure-t-elle à la réussite scolaire, au nombre d'euros sur un compte en banque, à la sécurité de l'emploi et du toit ? Ou bien au sentiment de joie de vivre ? Ou encore à la qualité des relations et au bien-être ?

★ Le rôle de parent

« Il est difficile de rester zen quand on est convoqué tous les quatre matins par la maîtresse parce que notre enfant refuse de sortir ses affaires scolaires, parce qu'il reprend l'enseignante sur ses fautes d'orthographe devant toute la classe, parce qu'il est bizarre et n'a pas d'amis », nous disait Laurence, maman d'un atypique qui a trouvé sa voie aujourd'hui.

Nous comprenons tellement, pour l'avoir vécu aussi personnellement, la lassitude des parents. Parce que OUI, être toujours ramené par la société, l'entourage et l'école aux « problèmes » de son enfant, c'est frustrant, épuisant, lassant et démoralisant. Nombreux sont les parents, fatigués de toujours devoir justifier les comportements de leur enfant, trouver des solutions et garder la tête haute face aux censeurs de la bonne éducation, qui momentanément flanchent et se rallient à la majorité de ceux qui voient leur enfant comme un « PROBLÈME », un sous-performant scolaire, un agitateur, en somme, un inadapté. Cette désespérance passagère les conduit à en vouloir à cet enfant qui fait ch… bip, qui fait suer. La tentation est grande de vouloir le faire rentrer dans le moule.

Alors, on durcit les exigences, on lui reproche d'être la source de notre mal-être (« Avant lui, tout allait bien »), on compare allègrement avec les frères, sœurs, cousins, cousines et voisins… « Bah oui, parce que le fils de Madame Duchemole, il est sage, lui, à l'école, il a compris, lui… il pose pas de problème. Tu crois que Madame Duchemole, elle est convoquée tous les matins par la maîtresse ? Ben non ! Madame Duchemole, elle a la

paix, elle. Mais qu'est-ce qu'on a fait pour que tu nous fasses ça ? »
Même si c'est douloureux, arrêtons d'en faire une histoire personnelle. Aucun enfant n'est venu au monde avec comme projet de vie d'emmer… embêter ses parents. C'est donc à nous, parents, de nous demander si sacrifier le bonheur de notre enfant sur l'autel de la performance et de la conformité vaut vraiment la peine. Nous restons les meilleurs supporters de nos enfants. Si nous arrêtons de croire en eux, il sera difficile pour eux de croire en eux-mêmes. Nous entendons trop d'adultes dire qu'il faut habituer les enfants à souffrir car l'employeur ne leur fera pas de cadeau. Aïe ! ouch ! Cela veut-il dire qu'il faille les casser pour en faire des adultes dociles qui fileront droit et seront conformes aux attentes patronales dans le but d'assurer la sécurité de l'emploi ? Ne vaut-il pas mieux aider nos enfants à cultiver et renforcer leur confiance en eux pour en faire des adultes capables d'affronter une réalité du travail difficile ? N'est-il pas préférable d'aider nos enfants et encore plus ceux qui sont atypiques à nourrir leur créativité, à aiguiser leur regard, à être en relation, à oser entreprendre et à développer leurs talents pour en faire des adultes audacieux, responsables, libres et heureux ?

★ Garantir la sécurité affective et physique

En tant que professionnelles et mamans d'enfants atypiques, nous savons combien il peut être difficile de se contenir quand rien ne va plus avec notre enfant. Élever des enfants atypiques est une grande source de joie, bien sûr, mais aussi d'angoisse et d'émotions inconfortables. Et quand l'hypersensibilité est un trait de caractère commun à chacun des membres de la famille, les débordements émotionnels sont au rendez-vous.

Du fait de leur hyperesthésie et de leur hypersensibilité, les atypiques ont besoin, encore plus que les autres, de se sentir en sécurité physique et affective. Les cris, les reproches, les insultes, les jugements dévalorisants, le chantage affectif et les atteintes physiques, loin de servir à éduquer, fragilisent encore plus leur cerveau. Or, cette violence ordinaire éducative est souvent le reflet de l'impuissance des parents et de leur épuisement nerveux. Cette violence engendre une insécurité qui va renforcer l'anxiété pouvant aller jusqu'à déclencher des pathologies équivalentes au syndrome de stress post-traumatique.

Selon les résultats d'une étude présentée en 2009 par le Pr Murray Straus, sociologue et codirecteur du Family Research Laboratory de l'université du New Hampshire, les châtiments corporels réduisent d'ailleurs le quotient intellectuel des enfants.

Garantir la sécurité affective et physique de son enfant demande parfois de faire un grand travail sur soi, surtout si l'on est soi-même émotionnellement hyperréactif. Si vous êtes concerné par cette difficulté, vous pouvez vous tourner vers un professionnel qui vous aidera à poser un cadre sécurisant et à apprivoiser vos émotions. Vous trouverez également, dans notre boîte à outils, des exercices qui permettent de travailler les émotions en famille.

Garantir la sécurité affective et physique, c'est asseoir le socle de la confiance en soi, axe de développement prioritaire pour les atypiques.

★ La confiance en soi naît de l'estime de soi

Comme nous l'avons dit dans la première partie de cet ouvrage, les atypiques souffrent en général d'un manque d'estime de soi et de confiance en soi. L'incompréhension de l'entourage, le sentiment d'être bizarre, les difficultés scolaires, les jugements négatifs, voire le rejet des autres, abîment les enfants atypiques.

La majorité de ceux que nous accompagnons, loin d'avoir conscience d'être extraordinaire, se trouve bizarroïde et nulle. L'estime de soi est toujours entamée.

L'estime de soi, c'est ce que l'on peut définir comme le sentiment intime qu'a une personne de sa valeur et de sa capacité à être aimable (dans le sens d'être aimée).

La confiance en soi découle de l'estime de soi et correspond au sentiment d'avoir la capacité de répondre avec succès aux exigences, de se débrouiller, de s'adapter, de réussir ce que l'on entreprend.

L'enfant ou l'ado qui n'a pas confiance en lui est enclin à dire : « Je ne peux pas le faire, c'est trop dur », et à abandonner. Comme le dit si bien une copine illustratrice : « Les atypiques ont une grande intelligence du cœur et de l'esquive. »

L'enfant ou l'ado qui est constamment en train de dire des choses comme « Je n'ai pas d'amis » ou « Tout le monde est meilleur que moi » souffre certainement d'une faible estime de soi.

Gardons à l'esprit que tous les enfants – et les adultes – éprouvent parfois ce type de sentiments. Mais il se manifeste plus fréquemment chez les atypiques et engendre douleur et détresse.

Alors, comment les parents peuvent-ils aider leurs atypiques à avoir confiance en eux ?

Sandra, enseignante en collège-lycée et maman de deux enfants atypiques

Être parent d'atypiques (personnellement, je fais un élevage de zèbres), c'est les aider à se connaître avant toute chose et leur faire comprendre qu'ils peuvent vivre et trouver une juste place dans le monde tout en préservant leur particularité, s'accepter tels qu'ils sont et accepter les autres du coup.

C'est nommer leur particularité car c'est une façon de la reconnaître, de la faire exister et donc de les reconnaître eux pour ce qu'ils sont.

C'est les aider à comprendre que capter le monde et les gens, différemment, cela ne veut pas dire ne pas pouvoir y vivre paisiblement, qu'ils ne sont pas dingos et que leur vie ne va pas nécessairement être « compliquée » ou autres c… de ce genre !

Qu'ils soient fiers d'être comme ils sont : sentir le concombre à un étage de distance, s'extasier de la lumière du soleil filtrée par les feuilles d'un chêne et rater son bus, aimer l'odeur d'un garage pour mon fils ou avoir l'impression de prédire l'avenir pour ma fille.

Et EN RIRE ensemble, ce qui me/nous semble indispensable pour devenir un adulte debout et LIBRE.

Isabelle, maman atypique de trois enfants atypiques

C'est être capable d'octroyer une CONFIANCE infinie à son fils de 15 ans qui veut monter son propre ordinateur lui-même, en achetant chaque composant un à un.

C'est l'écouter quand il vous explique que la carte mère est comme un cerveau, quand le ventilateur représente les poumons, les barrettes de mémoire vive, l'intestin, la carte graphique, la force, et le processeur, les neurones.

C'est NE PAS AVOIR PEUR de le laisser faire et lui dire qu'on est fier de lui quand il a réussi à monter ça tout seul dans sa chambre et que tout fonctionne impeccablement.
C'est faire preuve d'INNOVATION et être capable de dire à sa fille de 10 ans : « Oui, ma chérie, 6 × 7, 42, c'est la grenouille, ou 7 × 8, 56, c'est la télé » car le seul moyen pour elle de mémoriser les tables est de les déposer dans l'espace en faisant des associations d'idées.

Voici un outil très facile à mettre en place et qui contribue grandement à faire grandir la confiance en soi et l'estime de soi.

★ Le bocal à compliments/encouragements

Prenez un pot en verre et trois papiers de couleurs différentes. Par exemple, jaune, rose et bleu.
Sur les papiers jaunes, écrivez les qualités que vous aimez chez votre enfant. Sur les papiers roses, écrivez-lui un mot doux. Et sur les papiers bleus, écrivez une activité que vous aimeriez faire avec lui.
Faites-lui piocher un mot par jour. Les compliments et les mots doux nourrissent l'estime de soi de votre enfant.

CHAPITRE 2

PSYCHOPÉDAGOGIE POSITIVE, UN MODÈLE POUR DES ATYPIQUES HEUREUX !

La psychopédagogie positive est une approche qui allie les enseignements de la psychologie positive et de la pédagogie positive.

Une approche tête-cœur-corps outillée et ludique

La psychologie positive[1] s'intéresse aux conditions favorisant le bien-être de l'être humain dans une vision globale de ses besoins, ce que nous avons appelé l'approche tête-cœur-corps, c'est-à-dire cognitive, émotionnelle, relationnelle et physique. Cette approche met l'accent sur la façon dont tous les intervenants (parents, enseignants, éducateurs), l'environnement d'apprentissage (à la maison ou à l'école) et les méthodes d'apprentissage contribuent au bien-être et à l'épanouissement harmonieux des enfants.

À l'instar de la psychologie positive, la psychopédagogie positive met l'accent sur le beau et encourage chacun à aller à la rencontre de lui-même et de

1. La psychologie positive est « l'étude scientifique du fonctionnement humain optimal ». Elle vise à découvrir et à promouvoir les facteurs qui permettent aux individus et aux communautés de prospérer.

son bonheur. C'est une vision globale et respectueuse du développement humain.
Chacun possède, en effet, son propre mode de fonctionnement et doit être reconnu et accueilli dans sa différence. C'est la somme de toutes les différences qui fait la force et la richesse du collectif.
La psychopédagogie positive, c'est aussi une boîte à outils ludique, facile à mettre en œuvre et très créative.

L'EFFET PYGMALION

L'effet Pygmalion est un des piliers de la psychopédagogie positive. Certains le connaissent sans pouvoir le nommer. Il est également appelé prophétie autoréalisatrice.

★ Qu'est-ce que c'est ?

Robert Rosenthal, psychologue américain né en 1933, a découvert l'effet Pygmalion en réalisant l'expérience suivante.
Après avoir constitué deux échantillons de rats totalement au hasard, il informa un groupe de six étudiants que l'échantillon n° 1 comprenait six rats sélectionnés avec la plus grande sévérité pour leurs qualités extraordinaires. Les étudiants, qui étaient chargés de leur faire traverser un labyrinthe, devaient donc s'attendre à des résultats exceptionnels.
Il signala ensuite à six autres étudiants que l'échantillon n° 2, composé également de six rats, n'avait rien d'exceptionnel et que, pour des raisons génétiques, il était fort probable que ces rats aient des difficultés à trouver leur chemin dans le labyrinthe. Les résultats

confirmèrent très largement les prédictions fantaisistes de Rosenthal : certains rats du groupe n° 2 ne quittèrent même pas la ligne de départ.

Après analyse, il s'avéra que les étudiants qui croyaient que leurs rats étaient particulièrement intelligents leur avaient manifesté de la sympathie, de la chaleur, de l'amitié ; inversement, les étudiants qui croyaient que leurs rats étaient stupides ne les avaient pas entourés d'autant d'affection.

L'expérience a ensuite été menée auprès d'enfants d'Oak School, une école de San Francisco, aux États-Unis, par Rosenthal et Jacobson (la directrice de l'école), mais en jouant uniquement sur les attentes favorables des maîtres.

Rosenthal et Jacobson savaient désormais qu'ils pouvaient jouer avec le discours. Forts de cette expérience, ils choisirent de se présenter dans une école d'un quartier défavorisé de la ville, fréquentée par des enfants de familles immigrées aux conditions de vie très difficiles, en prétendant qu'ils menaient une vaste étude à Harvard sur l'éclosion tardive des élèves. Rosenthal et Jacobson firent passer un test de QI à l'ensemble des élèves de l'école, puis communiquèrent les résultats, qu'ils avaient préalablement tronqués, aux enseignants : 20 % des élèves s'étaient vu attribuer un résultat surévalué. À la fin de l'année scolaire, Rosenthal et Jacobson firent repasser le test de QI aux élèves.

Le résultat de l'expérience montra que les 20 % des élèves aux résultats surévalués s'étaient comportés comme l'échantillon de rats n° 1 : ils avaient amélioré de 5 à plus de 25 points leurs performances au test d'intelligence. Et ce, grâce au regard que les enseignants avaient pu porter sur eux au cours de l'année. Cette expérience démontre que les performances d'un élève sont directement liées aux attentes de l'adulte sur cet élève et au regard qu'il va porter sur lui. D'où le nom de prophétie autoréalisatrice.

★ Arrêter de pointer du doigt les échecs

Comme nous l'avons vu en introduction de ce livre, nous vivons dans une société qui pointe du doigt les erreurs plus qu'elle ne valorise les réussites. La peur de l'échec est omniprésente et toxique. Elle bloque toute tentative de créativité et pousse les individus à être irréprochables. La crainte de la sanction, du jugement négatif et du rejet paralyse souvent la pensée puisque les émotions prennent le dessus.

Pour éviter d'être confronté à l'échec, l'entourage, par souci de protection bienveillante, décourage parfois l'enfant ou l'ado de tenter de nouvelles expériences, de viser haut : « Tu ne vas pas y arriver », « Ne te fais pas d'illusions, beaucoup d'appelés, peu d'élus », « Laisse tomber, si tu te plantes, tu auras fait tout ça pour rien », « Tu veux devenir écrivain ? Mais comment tu vas faire avec ta dysorthographie ? »… Autant de douces réflexions qui risquent fortement de mettre en place un effet Pygmalion négatif.

Toutes ces réflexions abîment l'estime de soi et entraînent une perte de confiance. Ces croyances conditionnent l'action et donc la réussite. C'est un autre phénomène appelé l'effet Golem.

L'effet Golem est un procédé psychologique dans lequel des attentes moins élevées placées sur un individu le conduisent à une moins bonne performance. Cet effet est étudié dans les milieux éducatifs et organisationnels. C'est l'effet pygmalion à l'envers. Si les professeurs, l'entourage familial ou social disent à l'enfant qu'il ne va pas y arriver, ce dernier risque, effectivement, de se retrouver en situation d'échec.

La France figure parmi les championnes pour appliquer l'effet Golem. Combien de lycéens sont découragés, d'entrée de jeu, quand ils expriment leurs souhaits d'orientation ? Beaucoup… beaucoup trop. Qui sommes-nous, adultes, pour tuer dans l'œuf l'espoir, la curiosité, la créativité sur l'autel de la sécurité, du « Faut être réaliste », comme nous l'entendons souvent, de la peur en somme ?

Que cherchent les professeurs qui commencent leur cours en traitant les élèves de nuls, comme cela nous est souvent rapporté ? À quoi servent les appréciations « élèvicides[1] » que nous pouvons lire dans les bulletins de notes ?

Toutes ces pratiques n'ont pas fait la preuve de leur efficacité. Si casser les élèves, les secouer et leur mettre des coups de pied au derrière était un super levier de motivation, nous serions tous sortis major des écoles les plus prestigieuses.

L'effet Golem est encore plus dévastateur chez les Zatypiques, qui subissent une double injonction paradoxale. D'un côté, les adultes ont de grandes attentes de réussite et donc un niveau d'exigence élevé. Du fait de l'intelligence, de la sensibilité et de l'originalité des atypiques, les parents, les premiers, les renvoient à ce « Peut mieux faire », « C'est du gâchis

1. Qui tuent les élèves.

de ne pas te servir de ton intelligence ». Cette forte attente de réussite fait peser une lourde pression sur les épaules de ces enfants et adolescents plus sensibles et plus anxieux que la moyenne, rappelons-le. D'un autre côté, ils sont confrontés aux difficultés liées à leur fonctionnement particulier et sur lesquelles ils n'ont pas souvent la main pour les contourner. Alors comment faire autrement ?

★ S'appuyer sur les réussites

Nous répétons souvent que nous sommes dans un système franco-français qui met toujours le focus sur ce qui ne fonctionne pas, plutôt que d'optimiser les forces, les capacités et les talents, qui pointe du doigt les faiblesses de chacun et déploie une énergie folle pour y remédier. Un système qui exige une performance continue, qui normalise, nivelle, lisse, dépersonnalise au nom de principes, de normes et de règles appelés « l'éducation à la française », fantôme d'une noblesse élitiste, poussiéreuse et déconnectée des réalités du monde actuel. Il est temps de tordre le cou au « côté obscur » de ce système pour faire autrement mieux.

Boîte à outils

Accueillir les notes

Une bonne manière de sortir d'un système qui enferme l'enfant dans son rôle d'élève est de changer notre manière d'aborder la question des notes.
Si on accueille les enfants le soir par une question sur les notes de la journée, on continue à confondre l'enfant et l'élève... et à leur faire croire qu'on les aime sous conditions, à partir d'un 15/20 ! Au contraire, mieux vaut s'intéresser à l'enfant et le questionner sur sa journée : « Tu t'es bien amusé ? », « Qu'as-tu appris ? ». Il sera toujours temps ensuite de faire le point sur les notes. Et même quand il rentre avec un 6 ou un 8/20, surtout... restons zen. Inutile de le lui reprocher : ce serait la double peine puisqu'il a certainement déjà subi une première salve de reproches à l'école.
Il est important de relever tous les points positifs : « Tu as eu 9/20 ? Tu as donc eu 9 points. Qu'as-tu réussi à faire ? Et de quelle manière ? » L'enfant va dire, par exemple, qu'il a eu tous les points en compréhension de texte. Vous pouvez ensuite poursuivre en lui demandant ce qu'il a moins réussi. Il pourra répondre, par exemple, qu'il n'a pas eu de points sur les questions de cours. Vous pourrez ainsi le féliciter pour la compréhension et lui montrer la marge de progression qu'il a sur l'apprentissage du cours, en cherchant avec lui ce qui coince et surtout ce qui pourrait l'aider. Cela mettra en lumière soit qu'il n'a pas appris et, dans ce cas, il saura de lui-même quoi faire pour s'améliorer, soit qu'il a des difficultés de mémorisation.

Cette démarche permet de faire ressortir un problème de méthode ou un dysfonctionnement.

Pile et face : le revers de la médaille

Pour sortir des étiquettes négatives trop rapidement collées sur les atypiques, l'approche pile/face peut être très utile. Chaque trait de caractère est comme une médaille. Il comporte un côté pile et un côté face. Parce qu'ils ont un tempérament et des traits de caractère assez marqués, c'est souvent le côté négatif qui est mis en exergue chez les atypiques. À force de focaliser sur le négatif, on en oublie l'autre face de la médaille. Tout ce qui fait que l'enfant est unique et extraordinaire.

Entraînez-vous à trouver la face positive pour chaque face négative.

Par exemple, si l'on dit de votre enfant qu'il est dans la lune (côté pile), l'on peut dire aussi qu'il est très imaginatif (côté face).

Si l'on dit de lui qu'il est hyperactif et insupportable (côté pile), l'on peut aussi valoriser sa merveilleuse énergie. Il est toujours partant pour faire quelque chose (côté face).

Côté pile : timide, côté face : attentif, réfléchi et sensible

Côté pile : bavard, côté face : bon communicant

Côté pile : bordélique, côté face : créatif

Et ainsi de suite.

FAIRE GRANDIR LA CONFIANCE ET L'ESTIME DE SOI

Un des grands enjeux dans l'accompagnement des atypiques est de faire grandir la confiance en soi et même, le plus souvent, de la restaurer. Pour les raisons évoquées dans la première partie de ce livre, les atypiques ont tendance à avoir peu confiance en eux et à se dévaloriser.

En tant qu'adultes, nous pouvons encourager les enfants atypiques à prendre des risques, à tenter des expériences, à essayer et à changer de stratégie si l'essai est infructueux. Nous pouvons leur montrer qu'ils n'ont pas besoin d'être parfaits pour être aimés et reconnus et, par-dessus tout, que leur valeur ne dépend pas uniquement de leur réussite scolaire. En aidant les atypiques à cultiver leur curiosité et leurs forces, nous les aidons à déployer leur créativité et les guidons sur la voie de leur bonheur.

★ Tordre le cou au perfectionnisme

Le perfectionnisme est une des caractéristiques les plus marquantes chez les atypiques et notamment celles et ceux qui sont surdoués. Ce perfectionnisme est lié à leur soif d'idéal et d'absolu. Il a de nombreuses conséquences négatives, telles que :

- **l'autodévalorisation** : le perfectionniste trouve que ce qu'il a fait n'est jamais assez bien ;
- **l'anxiété par anticipation** : les perfectionnistes anticipent leur éventuel échec et souffrent même avant d'avoir commencé. Cette anxiété peut conduire à paralyser l'activité de penser et la mise en œuvre.

Nous voyons beaucoup d'enfants (et d'adultes) qui, plutôt que de prendre le risque de mal faire (selon leur propre critère d'évaluation), préfèrent ne rien faire du tout ;

- **les troubles du sommeil** liés aux ruminations anxieuses ;
- **une grosse fatigue** liée à toute l'énergie dépensée pour atteindre un idéal qu'ils n'atteindront jamais tant leur niveau d'exigence est élevé...
- ce qui entraîne une **faible estime de soi.**

Audrey, parfaitement imparfaite

Hannah est mon troisième enfant. Elle est hypersensible, entre autres. Petite, elle aimait que tout soit parfait. Quand elle a commencé à écrire et à dessiner en maternelle, à la moindre rature, elle se mettait à pleurer de rage et déchirait systématiquement la feuille et recommençait. Outre la catastrophe écologique (les forêts amazoniennes ne la remercient pas pour tout le papier utilisé), ce comportement était assez inquiétant, tant il était révélateur d'un stress de performance déjà bien installé. En CP, elle ne pouvait pas aller se coucher si elle n'avait pas fait tous ses devoirs. Nous avions beau lui dire que ce n'était pas grave, qu'elle n'était pas obligée de recommencer à chaque fois, que nous adorions son écriture, rien n'y faisait. Jusqu'au jour où j'ai fait un burn-out. Les enfants se sont retrouvés avec des parents divorcés et une mère carrément défaillante. J'étais passée de la wonder woman, toujours au top, super au boulot, super à la maison, super-cuisinière, super-parent d'élèves, à une autre sorte de super-héroïne : Super-Imparfaite. Cette période a été très dure pour nous tous et je sais que les enfants, donc Hannah, ont souffert. Mais cet épisode aura permis de les libérer de cette injonction du perfectionnisme. J'avais beau leur laisser le droit à l'erreur, tant que je ne me l'accordais pas, ils n'allaient pas changer. Dans les années qui ont suivi, Hannah a lâché prise et a accepté de mieux en mieux l'erreur. Je crois vraiment que c'est en se construisant sur mon imperfection qu'elle a réussi à lâcher son perfectionnisme. Elle est toujours hypersensible. Cependant, lâcher la pression l'aide à réguler ses émotions.

Il y a une notion en psychologie positive qui est fort utile pour aider les perfectionnistes à passer du « Je dois faire toujours mieux » à « J'essaie de faire de mon mieux ». C'est l'optimalisme[1]. Alors que le perfectionniste refuse l'échec, les émotions désagréables et les obstacles tout en rêvant d'une vie parfaite, l'optimaliste accepte que la vie soit parfois chaotique, parsemée d'erreurs et d'échecs. C'est un réel apprentissage pour lequel nous devons aider nos enfants atypiques.

★ Cultiver la curiosité

Contrairement ce que laisse entendre l'adage, la curiosité n'est pas un vilain défaut. Les enfants sont naturellement curieux. Vous êtes-vous déjà amusé à compter le nombre de fois où un enfant de 3-4 ans posait la question « Pourquoi » ? Le résultat est presque astronomique. Et quand il s'agit des Zatypiques, il double ! Les enfants atypiques sont en quête absolue de découverte du monde. Comme ils sont plus sensibles aux détails que la moyenne, la surface de questionnement de leur cerveau s'en voit augmentée.

1. L'optimalisme est une proposition du Dr Tal Ben-Shahar dans *L'Apprentissage de l'imperfection*, aux éditions Pocket.

Nous sommes d'ailleurs tristes de constater que souvent cette curiosité s'étiole avec le temps.
Il n'est pas rare que nous retrouvions des adolescents qui ont perdu cette appétence pour la découverte et dont les neurones ne frétillent plus comme avant.
Encouragez votre enfant à oser explorer de nouvelles pistes, à tenter de nouvelles choses, à s'intéresser à de nouveaux domaines, à essayer de faire des tâches qu'il n'avait encore jamais faites. Au début, vous pouvez l'aider un peu et petit à petit vous le laisserez expérimenter par lui-même, quitte à ce qu'il se trompe. L'erreur n'est pas grave, elle aide à apprendre. Peu à peu, vous l'aiderez à devenir explorateur et curieux. La curiosité est une très belle qualité, à cultiver.

Audrey, toujours parfaitement imparfaite

Benjamin, 17 ans, est mon deuxième fils. C'était un enfant pour le moins très agité. Réveillé à 6 heures du matin, week-ends compris, il donnait l'impression d'avoir envie d'explorer et de dévorer le monde. Un ami l'avait surnommé « Geo Trouvetou », tant il testait et expérimentait son environnement... Avant ses 6 ans, Benjamin avait testé ses capacités d'apnée, risquant la noyade en baignoire, les lois de Newton, expérience terminée aux urgences après qu'il eut chuté du haut de l'armoire de sa chambre, ainsi que l'évasion de la maternelle après avoir escaladé le mur de la cour de récréation. Le verdict est tombé peu après : « Votre enfant est TDA/H, nous allons le mettre sous Ritaline® pour lui permettre d'entrer correctement dans les apprentissages scolaires. » Au bout d'un an de traitement, nous avons décidé d'arrêter les médicaments car nous ne reconnaissions plus notre Geo Trouvetou. Pour être sage, il était sage, et très amorphe et apathique. Il avait perdu sa curiosité naturelle. Quelque temps après l'arrêt du traitement, Benjamin est redevenu comme avant : très « attachiant », et nous avons pris beaucoup de vitamines pour pouvoir l'accompagner sans nous épuiser. Non, en fait, nous étions épuisés. Et puis, un jour, il a découvert le moteur de recherche Google et les tutos vidéo YouTube. Et il s'est calmé d'un coup. Tout notre entourage nous est tombé dessus en nous reprochant de le laisser des heures jouer à l'ordinateur. Sauf qu'il ne jouait pas. Il nourrissait son besoin de découverte et cultivait sa curiosité. Bien que son rapport à l'école restât très problématique (il a redoublé deux fois et a été renvoyé à plusieurs reprises), il apprenait par lui-même à la maison le piano, la physique, la chimie, les maladies chelouves, etc. La vie a mis sur son chemin un super directeur de collège qui l'a accueilli et lui a offert l'opportunité de développer sa curiosité au sein de l'école. Quelle joie ! Ça a décuplé sa curiosité, qu'il utilise maintenant comme un levier de réussite scolaire.

C'est aussi le cas d'Antoine, le fils d'Isabelle, qui a aujourd'hui 20 ans. Depuis qu'il est tout petit, Antoine développe des passions pour des activités variées sans forcément de lien les unes entre les autres. Il fonce dans sa passion sans relâche et explore jusqu'au bout le chemin. Sa passion du moment occupe tout son espace mental et physique. L'espace de sa chambre par exemple. Il y a eu la période tours de magie et tours de cartes qu'il a arrêtée lorsqu'il a réussi à tout maîtriser. Puis la période Rubik's Cube, qu'il a appris à maîtriser à deux mains et en moins d'une minute, puis à une main en regardant ou sans regarder. Grâce à ses passions, Antoine parle couramment anglais. Il a regardé l'une après l'autre la quasi-totalité des séries en V.O. Ses sœurs le trouvent « bizarre ». Elles se questionnent sur la future passion de leur frère, partagées entre inquiétude et amusement.

★ Cultiver les forces de caractère

Nous sommes toujours super-étonnées de recevoir des jeunes qui n'ont aucune conscience de leurs qualités, de leurs talents et de leurs forces de caractère.

En général, les jeunes sont traînés par leurs parents pour les mêmes raisons, assez récurrentes : mauvais résultats scolaires, manque de motivation (appelée souvent fainéantise), manque de confiance en soi, problèmes relationnels, etc. Et quand nous posons la question : « Quelles sont les qualités que tu penses avoir, tes forces, tes talents, tes superpouvoirs ? », la réponse obtenue est souvent : « … » (silence interminable), voire une liste de qualités négatives (des défauts, quoi). Au mieux, nous avons quelquefois un « Je suis gentil » ou « Je fais bien les gâteaux ». Un peu léger, non ?

Or, les chercheurs en psychologie positive[1] ont identifié vingt-quatre qualités qu'ils appellent des forces de caractère. Découvrir et cultiver ses superpouvoirs, ses talents et ses forces de caractère est le meilleur cadeau que l'on puisse faire aux atypiques.

Ces forces de caractère sont considérées comme notre personnalité positive en ce qu'elle nous donne les compétences humaines de base pour penser, sentir et interagir de manière positive avec le monde et les autres. Ces traits de caractère sont universels (par exemple : la curiosité, la générosité, l'amour du beau, le courage, etc.), mais leur expression diffère d'un être humain à l'autre. C'est ce qui rend chaque individu unique et merveilleux.

1. Voir les travaux de Seligman et Peterson à ce sujet.

Les chercheurs ont également découvert que les personnes qui connaissent et utilisent leurs talents uniques à tous les niveaux de leur vie augmentent leurs chances d'être heureux. Ils augmentent aussi leurs chances de vivre une vie riche et épanouissante, sont plus impliqués dans leur travail et ont des relations plus solides.

Le problème, à l'heure actuelle, est que le système éducatif valorise seulement quelques-unes de ces forces et en a fait une norme : la maîtrise de soi et l'autorégulation ; la précaution, la prudence et la discrétion ; l'assiduité, l'application et la persévérance ; l'amour de l'étude, de l'apprentissage.

C'est pour cette raison que beaucoup de jeunes que nous rencontrons avouent ne pas trouver leur place à l'école. Ils sont nombreux à avoir le sentiment d'être nuls, à défaut de ne pas avoir ces quatre forces en première position dans leur caractère.

Et comme nous l'avons vu, le système pointe régulièrement les défauts et les faiblesses plutôt que de valoriser les points forts et les talents (même non scolaires), il est difficile d'avoir confiance en soi et de maintenir un bon niveau de motivation.

Les 24 forces de caractère

Martin Seligman et Christopher Peterson ont classé 6 vertus universelles et 24 forces de caractère.

1 - SAGESSE ET CONNAISSANCES

Ce sont les forces cognitives qui impliquent l'acquisition et l'utilisation de connaissances.

1 - Créativité, ingéniosité et originalité

Penser à des nouvelles manières de faire les choses fait partie intégrante de votre personnalité. Vous ne vous contentez jamais de faire les choses de façon conventionnelle si une meilleure manière est possible.

2 - Curiosité et intérêt accordé au monde

Vous vous intéressez à tout. Vous posez toujours des questions, et vous trouvez tous les sujets et toutes les matières fascinantes. Vous aimez l'exploration et les découvertes.

3 - Discernement, pensée critique et ouverture d'esprit

Bien réfléchir aux choses et en examiner tous les aspects sont des points importants de votre personnalité. Vous ne tirez pas de conclusions hâtives, et vous ne vous appuyez que sur des indications sûres pour prendre vos décisions.

4 - Amour de l'étude, de l'apprentissage

Vous adorez apprendre des nouvelles choses, que ce soit dans une classe ou de vous-même. Vous avez toujours aimé l'école, la lecture, les musées. Où que vous soyez, vous trouvez l'occasion d'apprendre.

5 – Perspective et sagesse

Bien que vous ne vous considériez pas comme un sage, vos amis vous considèrent ainsi. Ils ont de l'estime pour votre capacité à considérer les choses avec du recul et se tournent vers vous lorsqu'ils ont besoin de conseils. Vous avez une manière de voir les choses qui semble aussi logique aux autres qu'à vous-même.

2 - COURAGE

Ce sont les forces émotionnelles qui impliquent l'exercice de la volonté afin d'atteindre les buts que l'on s'est fixés, malgré les obstacles externes ou internes.

6 - Courage et vaillance

Vous êtes une personne courageuse qui ne recule pas devant la menace, les défis, les difficultés ou la douleur. Vous prenez la parole en faveur de ce qui est juste, même s'il y a de la résistance. Vous agissez selon vos convictions.

7 - Assiduité, application et persévérance

Vous travaillez dur pour terminer ce que vous commencez. Quel que soit le projet, vous « abattez le travail » dans les plus brefs délais. Vous ne vous laissez pas distraire lorsque vous travaillez, et vous tirez de la satisfaction de l'accomplissement des tâches.

8 - Honnêteté, intégrité et sincérité

Vous êtes quelqu'un d'honnête, non seulement vous dites la vérité, mais vous vivez votre vie d'une façon sincère et authentique. Vous savez garder les pieds sur terre, et cela sans prétention : vous êtes quelqu'un de « vrai ».

9 - Joie de vivre, enthousiasme, vigueur et énergie

Quelle que soit la tâche qui vous est confiée, vous l'abordez avec passion et énergie. Vous ne faites pas les choses à moitié et vous ne faites rien sans enthousiasme. Pour vous, la vie est une aventure.

3 - *HUMANITÉ*

Ce sont les forces interpersonnelles qui impliquent de se soucier des autres et d'en faire des amis.

10 - Capacité à aimer et être aimé

Vous accordez de l'importance aux relations avec les autres, en particulier celles dans lesquelles la confiance et l'attention sont réciproques. Les personnes desquelles vous vous sentez les plus proches sont celles qui se sentent proches de vous.

11 - Gentillesse et générosité

Vous êtes bon et généreux envers les autres, et vous n'êtes jamais trop occupé pour rendre un service. Vous aimez faire des bonnes actions pour les gens, même lorsque vous ne les connaissez pas bien.

12 - Intelligence sociale

Vous êtes conscient des sentiments des autres et de ce qui les motive, vous savez comment vous insérer dans différents cadres sociaux, et vous savez comment mettre les autres à leur aise.

4 - JUSTICE

Ce sont les forces qui sont à la base d'une vie sociale harmonieuse, qui sous-tendent une vie communautaire saine.

13 - Citoyenneté, travail d'équipe et fidélité

Vous excellez en tant que membre d'un groupe. Vous êtes un camarade fidèle et dédié, vous faites toujours votre part du travail et travaillez dur pour le succès du groupe.

14 - Impartialité, équité et justice

Traiter les gens équitablement est l'un de vos principes permanents. Vous ne laissez pas vos sentiments personnels influencer vos décisions à propos des autres, vous donnez à chacun sa chance.

15 - Leadership (capacité à diriger)

Vous excellez lorsqu'il s'agit de diriger : encourager un groupe à faire ce qu'il a à faire et maintenir l'harmonie au sein de ce groupe en faisant en sorte que chacun se sente inclus. Vous êtes doué pour organiser des activités et veiller à leur bon déroulement.

5 - TEMPÉRANCE - MODÉRATION

Ce sont les forces qui protègent contre les excès.

16 - Le pardon

Vous pardonnez à ceux qui vous ont fait du tort. Vous donnez toujours une seconde chance aux gens. Votre principe directeur est le pardon et non la vengeance.

17 - Modestie et humilité

Vous ne cherchez pas à être sur le devant de la scène et vous préférez laisser vos actes parler d'eux-mêmes. Vous ne vous considérez pas comme étant quelqu'un de spécial et les autres reconnaissent et ont de l'estime pour votre modestie.

18 - Précaution, prudence et discrétion

Vous êtes quelqu'un de prudent, et vos choix sont par conséquent des choix prudents. Vous ne faites ni ne dites des choses que vous risqueriez de regretter par la suite.

19 - Maîtrise de soi et autorégulation

Vous maîtrisez consciemment ce que vous ressentez et ce que vous faites. Vous êtes discipliné. C'est vous qui contrôlez vos appétits et vos émotions, et pas l'inverse.

6 - TRANSCENDANCE

Ce sont les forces qui favorisent l'ouverture à une dimension universelle, des liens avec l'univers et donnent un sens à la vie individuelle.

20 - Reconnaissance de la beauté

Vous remarquez et appréciez la beauté, l'excellence et/ou les performances habiles dans tous les domaines de la vie, allant de la nature aux arts, aux mathématiques, aux sciences et à la vie quotidienne.

21 - Gratitude

Vous êtes conscient des bonnes choses qui vous arrivent, et vous ne considérez jamais qu'elles vous sont dues. Vos amis et les membres de votre famille savent que vous êtes une personne reconnaissante parce que vous prenez toujours le temps d'exprimer vos remerciements.

22 - Espoir, optimisme et anticipation du futur

Vous vous attendez au mieux dans les temps à venir, et vous travaillez pour arriver à cela. Vous croyez dans le fait que l'avenir est quelque chose que vous pouvez contrôler.

23 - Humour et enjouement

Vous aimez rire et taquiner. Il vous est important d'apporter la joie et la bonne humeur. Vous essayez de voir le bon côté de chaque situation.

24 - Spiritualité, religiosité, but dans la vie et foi

Vous avez des croyances fortes et cohérentes en ce qui concerne la raison d'être de l'univers et la puissance supérieure qui le régit. Vous connaissez votre place au sein du plus grand dessein. Vos croyances sont à l'origine de vos actions et sont une source de bien-être/réconfort pour vous.

Pour connaître ses forces de caractère, il est possible de répondre au questionnaire qui est gratuit et en ligne (www.viame.org). Ces forces sont comme des superpouvoirs que chacun peut activer et sur lesquels on peut s'appuyer, s'épanouir.
Le questionnaire hiérarchise les vingt-quatre forces en fonction de leur importance pour la personne. Il est intéressant de voir les cinq premières qualités. Elles sont les qualités principales, nos valeurs sûres.

Plus on nourrit et active ces qualités, plus on prend confiance en soi. Il y a des forces qui ne sont pas directement liées au travail scolaire, mais qui sont d'une grande aide dans la vie.
Et c'est important, surtout pour les atypiques pour qui l'école n'est pas source de satisfaction et de réussite, de prendre conscience que chacun possède des talents et des forces qu'il peut utiliser, même à l'école.
Par exemple, si une des forces principales de votre enfant est la curiosité, même si le cours du prof ne l'intéresse pas, rien ne l'empêche de faire son cours en allant piocher des infos dans les manuels, sur Internet, dans des tutoriels, sur des vidéos et sur d'autres sites.
Si une de ses forces principales est l'intelligence sociale, il se voit peut-être reprocher de trop bavarder car il aime être en lien avec les autres. De notre point de vue, il peut transformer ces reproches en une force qui peut lui permettre, par exemple, de développer un travail collaboratif avec ses copains. Se poser des questions mutuellement sur un sujet, aller faire des recherches ensemble, expliquer à un pote permet de mémoriser en même temps. Les meilleurs professeurs sont souvent nos pairs.
Connaître ses forces de caractère est aussi très utile pour résoudre le casse-tête de l'orientation chez les ados atypiques. Le choix d'une profession devrait toujours se faire en fonction de nos cinq principales forces de caractère et non en fonction des résultats scolaires, de la sécurité de l'emploi ou des projections parentales.
Amusez-vous à passer le test en famille et accueillez le profil de chacun. Cela peut donner lieu à de chouettes échanges et à des prises de conscience salvatrices.

Boîte à outils

La liste de mes réussites

Tous les jours, prenez quelques minutes avec votre enfant pour faire la liste de ses réussites de la journée. Vous pouvez le faire sur une feuille volante ou consigner les réussites dans un petit carnet. L'important est de se remémorer la journée et de trouver au moins une réussite, même la plus petite.

Exemples de réussite :

« J'ai réussi à débarrasser la table sans rechigner » ; « J'ai réussi à finir mon exercice de maths » ; « J'ai eu 8/20 en dictée. J'ai gagné 1 point par rapport à la dernière fois » ; « J'ai réussi à dessiner un superbe Pokemon » ; « J'ai réussi à m'endormir à 22 heures au lieu de 23 heures » ; « J'ai réussi à me calmer plus vite que l'autre fois, quand j'étais super-énervé », etc.

Vous avez compris le principe, l'important est de réaliser des progrès, même les plus infimes, et de valoriser toutes les réussites, même celles qui ne sont pas scolaires. La confiance en soi se construit jour après jour et partout. La confiance qu'un enfant ou un ado gagne en dehors de l'école lui servira aussi à l'école.

APPRENDRE À PILOTER UN CERVEAU ATYPIQUE

Si les atypiques sont souvent perçus comme des bizarres, des marginaux et des rebelles, il n'en reste pas moins que leur cerveau original est une vraie chance pour eux-mêmes et pour les autres.
Leur regard singulier sur le monde, leur traitement de l'information subtil et profond et leur créativité font des atypiques des trouveurs de solutions innovantes, des bousculeurs de l'ordre établi et des penseurs agiles.

★ Cultiver et développer sa créativité

Être atypique, c'est avoir cette faculté de trouver des solutions inattendues, insolites et inédites. Avoir un cerveau atypique permet de penser plus facilement et plus naturellement en dehors du cadre, « *out of the box* » comme disent les Anglo-Saxons.

Camille, 24 ans, est la fille aînée d'Isabelle. À 16 ans, diplôme de pâtisserie en poche, elle cherche à se faire embaucher dans des palaces de la capitale. Elle envoie son CV et passe des coups de fil sans l'aide de ses parents, et sans même les avoir tenus au courant. C'est donc seule qu'elle part rencontrer le chef pâtissier du Ritz et passe un entretien d'embauche. Ce dernier, stupéfait par la maturité et la passion de Camille, lui dit alors : « Si vous aviez eu 18 ans, je vous aurais embauchée sur-le-champ. » Dégoûtée, et confrontée à la réalité légale de son jeune âge, elle décide de monter sa petite entreprise chez ses parents. Des pâtisseries faites maison qu'elle vend aux amis, aux amis d'amis... Elle connaît un succès immédiat et pendant cinq mois les commandes affluent. Elle sera finalement embauchée à 17 ans et demi dans un palace parisien et commencera sa carrière de pâtissière. Après six années à monter les échelons, elle décide de gravir son propre restaurant gastronomique à Lille avec son compagnon. À 23 ans, elle va être chef d'entreprise... Sans avoir fait d'école de commerce, elle a monté son projet, son business plan. Elle a négocié le bail pour le local et a constitué tout un dossier juridique et social. L'avocate qui l'a reçue n'en croyait pas ses yeux face à tant de maturité.

Nous lisons souvent que les surdoués, les dys-, les créatifs, les hypersensibles, bref, un grand nombre d'atypiques mobiliseraient principalement le côté droit de leur cerveau, celui qui serait le plus intuitif, imaginatif et créatif. Or, les dernières études en neurosciences montrent que la distinction cerveau gauche/cerveau droit est un mythe. Nous utilisons simultanément les deux hémisphères de notre cerveau. L'intelligence atypique viendrait plus de la capacité du cerveau à fabriquer des connexions simultanément et à passer d'une idée ou d'une action à une autre facilement.

★ La pensée agile

Avec son look de dandy gothique du XIXe siècle, ses lavallières, sa broche araignée et ses cheveux longs, Cédric Villani ne passe pas inaperçu. Mathématicien de génie et détenteur de la médaille Fields, l'équivalent du prix Nobel pour les mathématiques, Cédric Villani possède un cerveau aussi atypique que ses tenues. Maniant les mots avec précision, il multiplie les passions et les engagements. Fan de bande dessinée, spécialiste des araignées, il partage son temps entre l'Institut Henri-Poincaré, dont il est le directeur depuis 2009, et l'université Claude-Bernard-Lyon-I où il est professeur. Soutien d'Emmanuel Macron pendant toute sa campagne, il est élu député aux élections législatives. Il a l'art de faire comprendre les mathématiques, même aux plus cancres d'entre nous.

Cédric Villani est la preuve même que la créativité des atypiques n'est pas qu'une affaire de cerveau droit. Jouer avec les mathématiques, à ce niveau, requiert d'utiliser la totalité de son cerveau.

La créativité des atypiques relève certainement davantage de l'agilité, de la souplesse et de la dynamique de la pensée. Cela tient à la capacité à traiter les informations en mobilisant cerveau gauche et cerveau droit avec aisance et rapidité. Ce sont d'ailleurs les mécanismes que décrit très bien Daniel Tammet, écrivain, diagnostiqué autiste Asperger à l'âge de 25 ans, capable en 5 heures, 9 minutes et 24 secondes de réciter 22 514 décimales de Pi, et parlant couramment 12 langues. Pour Tammet, c'est comme s'il y avait des ponts entre les différentes zones de son cerveau qui lui permettent de penser les chiffres en couleur, de sorte qu'une opération mathématique complexe se transforme en merveilleux paysage dans lequel il lui suffit de naviguer pour en mesurer les contours[1]. Selon lui : « L'important n'est pas de vivre comme les autres, mais parmi les autres. »

Il existe trois facteurs qui libèrent la belle énergie créative chez chacun d'entre nous. Tout d'abord, cultiver

1. Cette capacité s'appelle la synesthésie. Daniel Tammet décrit très bien son fonctionnement dans son livre *Je suis né un jour bleu*, aux éditions J'ai Lu.

l'autorisation de laisser libre court à son imagination, de se tromper, et de dire les choses qui nous passent par la tête sans avoir peur d'être jugé. Ensuite, laisser le temps au temps. On ne peut pas être créatif dans l'urgence. Enfin, prendre soin de ses besoins physiologiques, favoriser une ambiance calme, propice au travail créatif, varier les lieux d'apprentissage et éviter le stress et les conflits, surtout avec des enfants hypersensibles.

Boîte à outils

La pensée visuelle pour réenchanter le quotidien et les apprentissages

La pensée visuelle, dont nous entendons également parler sous le nom anglais de Visual Thinking, est une approche qui s'appuie sur notre capacité naturelle à visualiser. Nous visualisons grâce à notre regard extérieur, notre vue, mais aussi grâce à un regard intérieur, notre capacité à former des images dans notre tête, à imaginer.

Cette pensée visuelle permet de sortir de la pensée analogique et verbale, parfois plus complexe à saisir, que nous utilisons majoritairement. Elle se traduit par une immédiateté de la compréhension suivant l'adage « Une image vaut mille mots ».

En traduisant en images, ou sous forme de schémas, de dessins simples ou de graphiques, des idées, l'on peut plus aisément comprendre, communiquer, réfléchir et même générer des idées nouvelles pour résoudre un problème.

Il existe plusieurs outils de pensée visuelle et nous avons choisi de vous en présenter quelques-uns faciles à mettre en œuvre : le Webbing, le Mind Mapping et le sketchnoting.

Le Webbing

Le Webbing fait partie des outils de pensée visuelle. Il permet de représenter, très rapidement, les informations reliées au thème principal. Une bulle centrale, des traits droits et d'autres bulles qui s'y accrochent. Rien de plus simple ! La représentation spatiale des informations permet de sortir des fameuses listes ou fiches très linéaires, où l'information disparaît dès lors que l'on tourne la page.

Ce type de représentation visuelle convient parfaitement aux atypiques dont la pensée en arborescence, parfois « pensée brouillonne », pourra être domptée sur une seule page. Le Webbing est idéal pour apprendre sa leçon ou organiser ses idées rapidement. Il réduit les risques de « crises de devoirs » en famille.

C'est aussi sous forme de Webbing que nous pouvons envisager la « vidange » du cerveau. Cette technique permet de débarrasser son cerveau du trop-plein d'informations, d'émotions, de préoccupations, afin de se sentir plus détendu, voire de pouvoir s'endormir sereinement.

Une petite patiente atypique de 9 ans, qui souffrait de ne pouvoir s'endormir paisiblement « parce que ma tête n'arrête pas de penser à mille choses », a mis en œuvre la vidange du cerveau et nous a envoyé un joli mail qui disait, entre autres, « la vidange du cerveau, ça marche VRAIMENT ! ».

Le Mind Mapping

Le Mind Mapping est un autre outil de pensée visuelle qui découle du Webbing. Comme lui, il favorise la compréhension et facilite la mémorisation grâce à la spatialisation des informations.

C'est un outil que l'on nomme « cerveau total » car il permet d'obtenir, sur une seule feuille, à la fois une vision globale synthétique des informations et une vision analytique avec des détails dans chaque branche.

Réaliser une Mind Map est très simple et très intuitif. La Map peut aussi bien être utilisée pour réaliser sa liste de courses, que pour réviser une leçon ou organiser un événement (anniversaire, vacances...).

Pour fabriquer une Mind Map, prenez une feuille au format paysage, tracez un petit nuage au milieu qui contient le sujet de la Map. Faites partir des branches rayonnantes à partir du centre et inscrire dessus les idées principales. Puis tracez des petites branches pour les idées secondaires. Les branches auront la

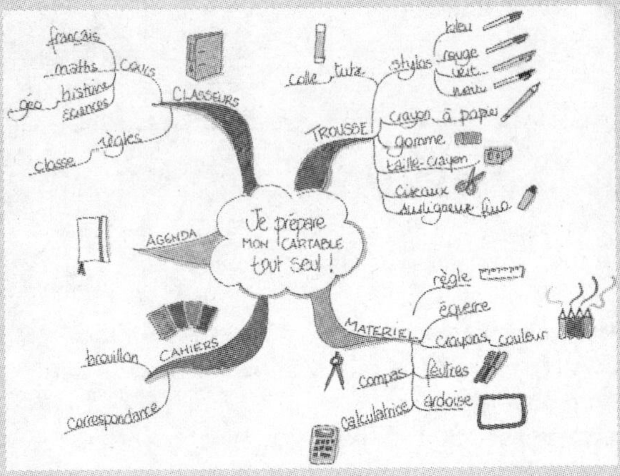

longueur du mot qu'elles portent. Utilisez des mots clés, évocateurs. Mettez de la couleur sur les branches pour une meilleure mémorisation.

Le Mind Mapping est un outil à l'efficacité redoutable pour pallier les difficultés de mémorisation des enfants souffrant de troubles des apprentissages. Les parents qui découvrent l'apprentissage avec le Mind Mapping respirent autant que leurs enfants car le temps des devoirs est diminué, les apprentissages sont facilités, et les enfants sont beaucoup moins fatigués et découragés.

Pour les élèves souffrant de troubles dyslexiques, la spatialisation des informations facilite la mémorisation. L'utilisation des mots clés les aide à ne plus se sentir noyés dans l'ensemble des mots de la phrase, ce qui ralentit considérablement la lecture et conduit à une compréhension souvent insuffisante.

Pour les enfants souffrant de troubles dyspraxiques, il est évident que c'est le parent qui servira de « secrétaire » et dessinera la carte en collaboration avec l'enfant. Plus tard, l'utilisation de l'ordinateur et d'un logiciel de Mind Mapping permettra à l'adolescent de se débrouiller parfaitement, une fois comprise la logique de l'organisation et de la structuration des idées.

Les enfants souffrant de troubles dysphasiques pourront, à partir de cartes simples, trouver la route de leurs idées pour formuler des phrases simples. Les images pourront être encore plus associées aux mots. Le support visuel les aidera à rester accrochés à l'idée qu'ils veulent formuler.

Pour les enfants et les adolescents souffrant d'un TDA/H, l'utilité de la carte est particulièrement importante pour rester centré sur le sujet principal. La pensée ne saute plus « du coq à l'âne » avec des tours

et des détours incessants. L'objectif est d'éviter que l'enfant ne se perde dans les détails et s'éloigne du sujet.
Pour les enfants qui souffrent de troubles envahissants du développement, l'utilisation du Mind Mapping favorise une mise à distance des émotions négatives.
Elle permet également de développer progressivement l'esprit de synthèse de ces élèves qui restent souvent bloqués sur un tout petit détail.

Le sketchnoting

Le sketchnoting est une manière un peu différente de prendre des notes et d'organiser ses informations. Ce n'est pas un schéma centré avec des arborescences comme le Webbing ou le Mind Mapping mais, comme ces derniers, il est un outil de pensée visuelle qui ne nécessite qu'une seule feuille et utilise la spatialisation des idées dans la page.
Le sketchnoting mélange mots, phrases courtes, images, flèches, conteneurs, puces... Cette méthode convient parfaitement aux atypiques plus « créatifs ». Toutefois, il n'est pas nécessaire de savoir dessiner comme un artiste pour réaliser des sketchnotes. Il suffit de transformer des mots et des idées en images simples et évocatrices et de les organiser avec des textes courts.
Voir d'ailleurs, à la page suivante, un exemple de leçon d'histoire transformée en sketchnote, qui permet de se faire une idée d'une de ses utilisations possibles.

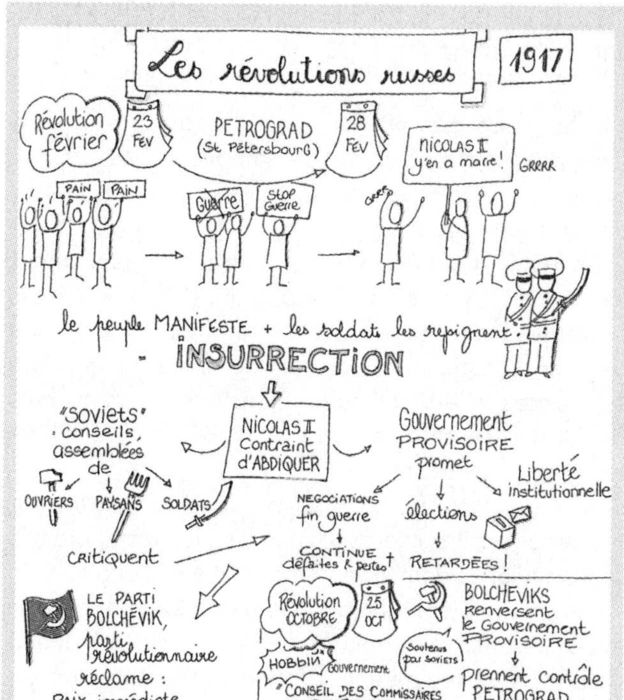
Les révolutions russes
1917
Révolution février
23 FEV
PETROGRAD
(St Pétersbourg)
28 FEV
NICOLAS II y'en a marre!
GRRRR
PAIN
PAIN
Guerre
STOP Guerre
le peuple MANIFESTE + les soldats les rejoignent!
= INSURRECTION
"soviets" = conseils, assemblées de
OUVRIERS
PAYSANS
SOLDATS
critiquent
NICOLAS II Contraint d'ABDIQUER
Gouvernement PROVISOIRE promet
NEGOCIATIONS fin guerre
CONTINUE défaites & pertes
élections
RETARDÉES!
Liberté institutionnelle
LE PARTI BOLCHÉVIK, parti révolutionnaire réclame :
. PAIX immédiate
. POUVOIR aux soviets
. PARTAGE des terres
LÉNINE & TROTSKY.
Révolution OCTOBRE
25 OCT
BOLCHEVIKS renversent le Gouvernement PROVISOIRE
Soutenus par soviets
prennent contrôle PETROGRAD & MOSCOU
HOBbIЙ*
Gouvernement
"CONSEIL DES COMMISSAIRES DU PEUPLE"
dirigé par Lénine
décrets
confiscation des terres nobles
nationalisation des usines et des BANQUES
négociation avec l'ALLEMAGNE
ARMISTICE déc 1917
PAIX BREST-LITOVSK mars 1918
* nouveau
@ isapailleas 2016.

APPRENDRE À FAIRE DES EFFORTS QUI NE CASSENT PAS L'ESTIME DE SOI

« Il faut faire des efforts !!! », « Il faut apprendre à faire des efforts, parce que sans effort ON n'arrive à rien ! »... Combien de fois les Zatypiques ont-ils entendu ces injonctions ?

D'un côté, il y a ceux qui ont traversé facilement les petites classes sans trop d'effort grâce à leurs aptitudes intellectuelles, et notamment une facilité de mémorisation importante, qui finissent par être confrontés à leur difficulté à en fournir quand cela devient nécessaire et que la réalité du travail de réflexion leur résiste.

D'un autre côté, il y a ceux qui, bien que très intelligents, présentent un trouble dys-, pour lesquels les apprentissages scolaires demandent énormément d'effort.

Nous ne répéterons jamais assez que l'adaptation et la réussite scolaires demandent à ces enfants beaucoup d'effort. Mais les parents subissent tellement la pression de la société qu'ils la répercutent indirectement sur leurs enfants. Et lorsque l'enfant ne donne pas les résultats attendus, rien ne va plus. Certains parents entrent alors dans une lutte de pouvoir afin d'obtenir des résultats, entendez : des bonnes notes. Malheureusement, cette quête de la performance ne va pas se faire sans abîmer l'estime de soi des atypiques. Parce qu'ils sont intelligents, on attend toujours d'eux qu'ils soient au top, et s'ils ont un trouble dys-, on voudrait qu'ils redoublent d'efforts pour remédier à leur trouble...

★ Valoriser, quels que soient les résultats

La motivation ne vient pas du ciel, elle dépend en grande partie du plaisir de la réussite suite à un effort. Si votre enfant passe de 6/20 à 8/20 en dictée, cela mérite d'être célébré. C'est pourquoi nous encourageons toujours les efforts plus que le résultat, le chemin parcouru plus que la ligne d'arrivée.

Parfois, il est aussi nécessaire de compenser ce que l'école ne fait pas : valoriser les enfants avec enthousiasme ! Et, plutôt que de « pousser » son enfant dans ses matières faibles, il peut être intéressant et salvateur de l'inscrire dans les domaines (foot, danse, musique, cuisine, bricolage, photographie…) où il est bon. Une valorisation en nourrit une autre, de la même façon qu'une bonne note en appelle une autre.

Boîte à outils

La ligne des petits pas

Pour pouvoir atteindre un objectif, les méthodes rapides ne sont pas toujours les meilleures. Il est donc essentiel de le découper en petits objectifs facilement réalisables pour ne pas se décourager. Il vaudra mieux inviter votre enfant à mémoriser une petite partie de sa leçon tous les jours que de lui demander l'intégralité en une fois. Et si le travail est à faire de la veille pour le lendemain, plusieurs petits morceaux dans la même journée sont plus efficaces que d'une seule traite.

Cette méthode vaut aussi pour les « impatients », souvent les enfants précoces, qui voudraient déjà être arrivés à destination avant d'être partis. Ce sont les mêmes qui disent ne pas savoir lire et se découragent après une seule journée de CP !
On peut matérialiser la progression en dessinant une ligne des petits pas comme le montre l'exemple ci-dessous « Je ne sais pas lire/Je sais lire ».

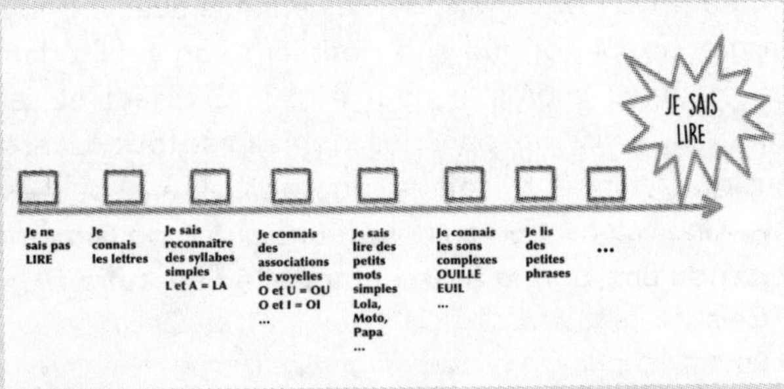

Le chrono minuteur visuel

Le minuteur visuel ou timer visuel est un chronomètre qui permet de matérialiser le temps qui passe grâce à une approche visuelle. Le temps s'écoule en faisant apparaître une surface de couleur. Très utile pour apprendre aux enfants à évaluer la notion du temps. Il permet d'éviter le découragement face à une tâche. Idéal pour le temps des devoirs ou pour réguler le temps de jeu, sur l'ordinateur par exemple. Il en existe de nombreux dans le commerce. Ce minuteur a été inventé pour répondre aux besoins des enfants avec un TDA/H et/ou ceux atteints d'autisme.

Le tableau de renforcement positif

Les enfants atypiques, pour toutes les raisons développées depuis le début de cet ouvrage, se retrouvent souvent enfermés dans des cercles vicieux de comportements et d'interaction. En bref, moins ça va, moins ça va. Plus les parents sont confrontés aux difficultés d'adaptation de leur enfant, plus ils se focalisent sur les comportements dérangeants. Plus les jeunes se vivent en échec, moins ils ont de motivation à faire des efforts. D'autant que nous vivons dans une société qui met plus l'accent sur le négatif, reléguant le positif à la normalité. Comment faire, alors, pour sortir de ce cercle vicieux ?

Si l'on souhaite qu'un enfant adopte des comportements positifs, il va falloir prêter beaucoup plus d'attention aux comportements positifs qu'aux comportements négatifs. Cela ne veut pas dire qu'il ne faut pas sanctionner un enfant lorsqu'il se comporte mal. Cela signifie que l'adulte va encourager, complimenter, gratifier et reconnaître tous les comportements positifs de l'enfant, afin de lui montrer tous les bénéfices qu'il peut obtenir en optant pour des comportements adaptés : faire plaisir à ses parents, être reconnu, être entouré d'adultes qui crient moins, passer plus de temps à jouer, avoir des relations plus harmonieuses avec les autres, etc.

Les comportements positifs peuvent être de nature différente : se mettre au travail sans rechigner, arrêter de s'énerver violemment à la première frustration, s'autonomiser, s'organiser dans son travail, préparer ses affaires la veille pour le lendemain, etc. En tant qu'adulte, vous allez lui faire part de vos attentes dans un premier temps et lui fixer, pour commencer, trois missions très précises, et pas plus, pour la semaine :

- je me mets à mes devoirs à 18 heures sans traîner ;
- je prépare mes affaires de classe pour le lendemain avant d'aller dîner ;
- j'arrête de jeter mon cahier par terre quand je suis énervé.

Voici un exemple de tableau de renforcement positif qui a sauvé du désespoir bon nombre de parents et d'enseignants et que vous pouvez réaliser facilement avec les enfants en adaptant les missions à vos choix et à l'âge de l'enfant.

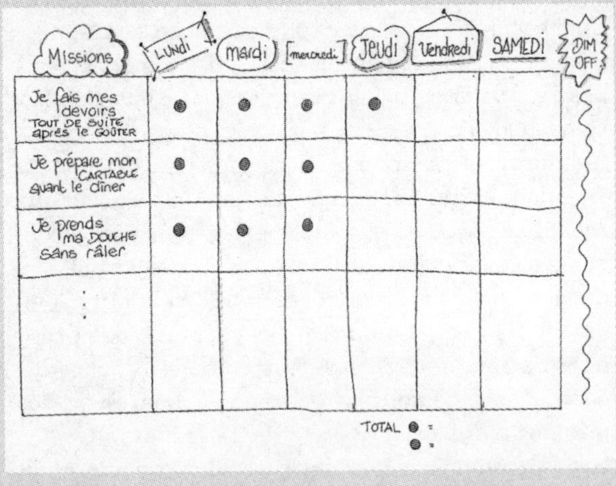

Le but du tableau de renforcement positif consiste à mettre de l'objectivité dans les relations adulte-enfant. La règle du jeu, qui doit être fixée à l'avance, est la suivante : collez un point vert lorsque la mission est effectuée, un point rouge lorsque ce n'est pas le cas.

Si l'enfant obtient trois quarts de points verts à la fin de la semaine, il a droit à une récompense, qui n'est pas forcément matérielle (une sortie, jouer à la console, regarder la télé une heure de plus le week-end) et plutôt une activité faite en commun avec lui. Félicitez à chaque point vert, ne dites rien pour les points rouges. Contentez-vous de mettre le point rouge dans le tableau en sa présence.

Pas de menace au point rouge (« Si tu ne le fais pas, tu vas avoir un point rouge ! ») pour éviter de retomber dans des négociations et dans de la culpabilisation.

Faites le bilan à la fin de la journée et distribuez les points.

En fin de semaine, si les points rouges sont majoritaires, ne partez pas dans une leçon de morale inutile. Au contraire, encouragez l'enfant en valorisant une progression ou en le plaçant dans une anticipation positive (« Je suis sûr que tu vas y arriver la semaine prochaine »). Sachant que la première semaine surtout, vous avez tout intérêt à vous montrer indulgent pour qu'il se sente en réussite.

LE BONHEUR, ÇA SE TRAVAILLE

★ Développer l'aptitude au bonheur

Les études de psychologie positive nous apprennent que le bonheur, en tout cas notre capacité à être heureux, est génétique pour 50 %. Cela signifie que même si vous êtes né dans une famille de dépressifs chroniques, cette prédisposition influe seulement pour moitié.

Les 50 % restants seraient liés à notre mode de vie et notre ressenti personnel. Une chercheuse spécialiste du bonheur, Sonja Lyubomirsky, a prouvé que les circonstances de la vie n'influençaient que pour 10 % notre faculté à mener une vie heureuse. Ce qui veut dire que le métier, l'argent, la maison et même le choix du conjoint ont une faible influence sur notre niveau de bonheur. Le reste dépend de l'interprétation de ce que nous vivons et de notre ressenti subjectif. Ce qui laisse une marge de manœuvre de 40 %, ce qui est énorme. Cela signifie aussi qu'il n'y a aucune fatalité dans le malheur, et c'est une merveilleuse nouvelle !

Cet apport permet de relativiser et de lâcher prise sur nos croyances. Les atypiques ne vont pas gâcher leur vie s'ils ne rentrent pas dans le moule et n'obtiennent pas un CDI. Ils risquent de la gâcher s'ils ne trouvent pas leur voie (voix) et s'ils ne sont pas reconnus pour ce qu'ils sont, uniques et utiles dans leur style.

La plupart des atypiques étant hypersensibles et très lucides, ils peuvent vite tomber dans le pessimisme qu'ils appellent réalisme et pragmatisme, bien sûr. Cela donne lieu à des considérations très profondes et intéressantes sur le sens de la vie, le « À quoi bon ? »

et autres questionnements métaphysiques. En consultation, une grande partie de notre travail consiste à les amener à travailler leurs 40 % pour trouver du sens, de la beauté et de la joie dans la vie.

Comme l'écrivait Viktor Frankl[1] dans son ouvrage *Découvrir un sens à sa vie avec la logothérapie*, « L'humour aide à garder une certaine distance à l'égard des choses et il permet de se montrer supérieur aux événements ».

Cela tombe bien car l'humour est une des caractéristiques que nous retrouvons souvent chez les atypiques.

Petit bémol cependant ! Les atypiques sont souvent plus enclins à taquiner, à se moquer et à faire de l'humour qu'à pratiquer l'autodérision. Ils utilisent mieux les ressorts humoristiques qu'ils ne les reçoivent.

Par ailleurs, ils ont souvent un humour décalé, ce qui peut conduire à des incompréhensions.

C'est pourquoi, nous invitons souvent les atypiques petits et grands à cultiver la joie. Alors que l'humour est subjectif et à géométrie variable, la joie est un sentiment universel. Faire pousser la joie à l'intérieur de soi nous fait grandir, nous densifie tout en nous allégeant.

Nous avons donc la possibilité de fabriquer notre bonheur de manière consciente. Cette démarche demande toutefois quelques efforts, de la volonté et de la persévérance !

1. Viktor Frankl (1905-1997) était professeur de neurologie et de psychiatrie, créateur de la logothérapie. Son expérience d'incarcération dans les camps de la mort lui a permis de comprendre l'importance de trouver un sens à sa vie pour avoir l'envie et le courage de continuer.

★ Développer la gratitude

Robert Emmons, l'un des plus grands experts en psychologie positive, nous enseigne que la gratitude est une émotion extrêmement profonde et complexe qui joue un rôle fondamental dans notre capacité à être heureux.

La gratitude est une émotion confortable qui fait partie des 40 % sur lesquels nous avons la main pour nous sentir plus heureux. Dans un premier temps, c'est le fait de s'apercevoir qu'il se passe ou s'est passé quelque chose de plaisant et d'agréable dans notre journée, notre vie. Dans un second temps, cela consiste à ressentir de la reconnaissance pour la personne ou la chose qui est à l'origine de ce qui nous a procuré du plaisir (ou qui y a contribué). Nous ressentons alors l'élan de dire « merci pour ça ». Car nous avons conscience que ce n'était pas forcément un dû. Après tout, nous ne faisons rien de spécial pour que le soleil brille et nous permette de faire une sieste dans un parc à l'ombre d'un bel arbre. Nous pouvons même éprouver de la gratitude dans des circonstances difficiles, voire tragiques. Pour blaguer, nous disons souvent qu'il est possible de remercier un conjoint qui vient de nous larguer car il nous fait le don de la liberté et nous ouvre la possibilité de trouver quelqu'un qui nous corresponde mieux et nous aime comme nous sommes. Cet argument est très réconfortant pour les adolescents pris dans les méandres de la découverte amoureuse.

★ Aider les autres

Mark Snyder, psychologue et responsable du Centre pour l'étude de l'individu et de la société à l'université du Minnesota, a consacré une grande partie de ses

recherches à répondre à la question suivante : Est-ce qu'aider les autres rend heureux ?
Voici sa réponse :
« Les personnes bénévoles ont tendance à avoir une estime de soi plus élevée, un bien-être psychologique et un bonheur, dit Snyder. Toutes ces choses augmentent à mesure que leurs sentiments de connexion sociale augmentent. Cela améliore leur santé et même leur longévité. »
Selon une étude menée sur une population d'adolescents, dont des enfants à risque, par Jane Allyn Piliavin, sociologue retraitée de l'université du Wisconsin, l'engagement dans des activités bénévoles présente bien des avantages. Elle cite un effet positif sur les notes, sur les comportements et l'estime de soi. Le bénévolat a également entraîné une réduction de la consommation de drogues et des baisses considérables des taux de décrochage scolaire et des grossesses chez les adolescentes.
Aider les autres est une merveilleuse nourriture pour les atypiques. Cela :
- nourrit le sentiment d'être utile et de contribuer à réduire les injustices, de s'approcher d'un idéal ;
- augmente significativement l'estime de soi et la confiance en soi ;
- améliore le sentiment de se sentir relié et connecté aux autres et permet de lutter contre l'isolement ;
- allonge la durée de vie.

C'est ce qu'a compris très tôt notre ami Jean-Marc Adjovi-Boco, ancien footballeur professionnel, diplômé de la SKEMA Business School, directeur général de la Fondation Diambars et entrepreneur solidaire.

Quand Audrey parle de Jimmy, elle dit toujours que c'est une des plus belles personnes qu'elle connaisse. « Jimmy » Adjovi-Boco, loin de se reconnaître atypique, a un parcours qui l'est pour le moins. Après des études en aéronautique et un travail décroché chez Air France, Jimmy embrasse une carrière de footballeur professionnel international. Sa brillante carrière footballistique terminée, il retourne sur les bancs de l'école de commerce où il obtient un master.

C'est alors qu'il crée et développe, avec Bernard Lama, Patrick Vieira et Saer Seck, la Fondation Diambars, pour rendre au foot ce qu'il leur avait offert. Ce projet est devenu une référence en matière de sport et d'éducation en Afrique. Diambars offre des programmes au Sénégal, en Afrique du Sud et en France, où des projets sont mis en place pour redonner le goût d'apprendre aux jeunes décrocheurs en utilisant leur passion pour le foot. Cette fondation a permis à des atypiques de développer leur potentiel. C'est le cas d'Aly, rencontré au centre de formation. Aly a été repéré dans la rue pour son talent footballistique, alors qu'il était talibé[1]. À 13 ans, il était illettré. Huit ans plus tard, il obtenait son bac avec mention assez bien. Il est aujourd'hui en école d'ingénieur informatique et parle trois langues couramment.

1. Au Sénégal, un talibé est un jeune garçon, issu d'une famille pauvre, confié à un maître coranique (afin que celui-ci se charge de son éducation religieuse). Les talibés vivent dans des conditions très précaires et se retrouvent la plupart du temps à mendier dans la rue.

Boîte à outils

3 kifs par jour

Comme pour beaucoup de choses, nous ne sommes pas tous égaux face à la gratitude. Certaines personnes arrivent à conscientiser et à remercier facilement pour tous les bienfaits qui leur sont offerts. Pour d'autres, c'est plus difficile. La bonne nouvelle, c'est que ça se pratique comme une gymnastique.

Il suffit, chaque soir, de repenser à sa journée et de trouver les trois choses qui nous ont procuré du plaisir, de l'émotion, du bien-être et pour lesquelles nous avons envie de dire merci.

Notre amie et complice Florence Servan-Schreiber, pour l'expliquer à ses enfants, a eu l'idée d'appeler ça les 3 kifs par jour, devenu, par la suite, le nom de son best-seller de psychologie positive[1].

Avec les plus petits, nous pouvons utiliser les 3 kifs comme une routine de coucher. « Dis-moi 3 choses chouettes qui te sont arrivées dans la journée. Ça peut être tout petit comme ça peut être gros. Par oral, tu vas remercier la personne ou la situation qui t'a permis de ressentir cette joie ou ce bonheur. Par exemple, tu peux remercier ta maîtresse car elle t'a parlé tout doucement aujourd'hui et que ça a été doux à tes oreilles.

1. *3 kifs par jour*, aux éditions Marabout.

Ou alors, tu peux remercier les embouteillages parce que maman est arrivée en retard et que, du coup, tu t'es régalé avec une pizza », etc.
Avec les plus grands, on peut très bien partager ses 3 kifs à table, sans juger, sans se moquer, dans l'accueil simplement.
Et si l'on veut aller plus loin, on peut tout consigner dans un joli carnet qu'on relira de temps en temps pour réactiver la gratitude et reprendre un shoot de bonheur.
L'idéal est de le faire vraiment tous les jours pour que petit à petit le cerveau se modifie et devienne un détecteur de bonheur. Exercer la gratitude est très important, surtout avec les atypiques qui ont tellement soif d'idéal et d'absolu qu'ils ne voient pas le positif et le bonheur cachés, dans les petits détails du quotidien. Exercer sa gratitude permet également de diminuer la frustration.

APPRIVOISER L'HYPERSENSIBILITÉ

L'hypersensibilité, trait de caractère commun à tous les atypiques, est souvent vécue comme un handicap. Les atypiques dépensent beaucoup d'énergie à la combattre alors que la clé est de l'accepter et de respecter son ressenti sans se faire violence. Nous entendons trop souvent des parents et des enseignants dire de certains enfants hypersensibles qu'ils doivent faire des efforts pour s'endurcir. Non ! Plus on brusque un hypersensible, plus on le fragilise. Plus on

lui demande de ravaler ses sanglots, plus on court le risque qu'il s'isole.
Voici ce que nous pouvons faire pour aider les enfants à apprivoiser leur hypersensibilité et qu'elle devienne leur alliée.

★ Calmer l'hyperesthésie

La méthode Vittoz fait partie des thérapies psychosensorielles fondées sur la redécouverte de nos cinq sens. Elle vise à rétablir l'équilibre entre les deux fonctions primordiales du cerveau : la réceptivité des sensations et l'émissivité de la pensée. Cette méthode du XIXe siècle est plus que jamais d'actualité. Elle fait partie des thérapies basées sur la pleine conscience. Pour les personnes hypersesthésiques, la réceptivité consciente est toujours déficiente. Les exercices Vittoz permettent de rétablir un équilibre et d'atténuer l'exacerbation des sens.
Invitez votre enfant à accueillir les sensations qui arrivent par ses cinq sens. Le but de cet exercice est de mettre le cerveau au repos en observant uniquement ce qu'il ressent et pas ce qu'il pense. « Tu regardes autour de toi et tu laisses entrer les formes, les couleurs, comme si c'était la première fois que tu les voyais, sans réfléchir... Tu fermes les yeux et tu laisses entrer les sons et leur vibration dans ton corps... Tu te concentres sur les petits capteurs dans ton nez et tu accueilles les odeurs... Même chose pour les sensations tactiles... et les goûts. » Cela permet à l'enfant d'accueillir sans activité réflexive, sans *a priori*, les couleurs, les formes, les objets.

★ Accueillir l'angoisse et l'anxiété

L'anxiété est le propre des atypiques. Elle est générée par un cerveau beaucoup plus réactif que la moyenne. Comme nous l'avons vu précédemment, ce cerveau hyperréactif a ses bons côtés : créativité, énergie, finesse de la pensée et originalité. Mais il est aussi parfois difficile à piloter, capricieux, hypersensible et ne s'arrête jamais.

Lorsque notre enfant exprime de l'inquiétude ou de la peur, nous avons tendance à vouloir le rassurer avec un « Mais non, c'est rien » ou à lui trouver des solutions. Or, les émotions ne passent pas par la logique. Si nous voulons rassurer efficacement, il vaut mieux commencer par accueillir ce que notre enfant nous dit, l'inviter à exprimer ce qu'il ressent ou lui proposer des ressentis : « Tu as dû avoir très peur, dis donc ! », « Tu as dû te sentir bien seul »... Un enfant qui se sent compris se sentira toujours en sécurité affective, donc rassuré.

Il ne sert à rien, comme nous l'entendons parfois, de vouloir endurcir un hypersensible.

C'est même le pire qu'on puisse lui faire car cela le fragilisera encore un peu plus et il finira par se déconnecter de ses émotions en se mettant une carapace. On reproche souvent aux atypiques, et notamment aux enfants précoces, d'être prétentieux et arrogants. Ces attitudes sont le plus souvent défensives et cachent une hypersensibilité et une faible confiance en eux.

Au contraire, plus les adultes adoptent un comportement rassurant, apprivoisent eux-mêmes leurs émotions et évitent les débordements colériques et violents, plus les enfants se sentiront en sécurité.

★ Cultiver l'intelligence émotionnelle

Pour la plupart des atypiques, il est difficile d'apprivoiser ce fonctionnement émotionnel hyperréactif et parfois débordant. Cela se traduit différemment d'un atypique à l'autre. Certains sont plus extravertis, d'autres paraissent coupés de leurs émotions et ressemblent plus à des ordinateurs, rationalisant tout, tout le temps.

Garance, 17 ans, est la fille cadette d'Isabelle. Quand Garance était toute petite, elle scrutait avec gravité les personnes qui se penchaient sur sa poussette et lui faisaient de grands sourires. Elle gardait un visage grave et ne rendait pas les sourires. Pendant longtemps, son hypersensibilité l'a empêchée d'entrer en contact avec des personnes qu'elle ne connaissait pas suffisamment. Lors de ses anniversaires, trop émotive, elle s'effondrait en larmes lorsque tout le monde se mettait à chanter. En grandissant, elle est toujours très sensible mais elle a développé en même temps une joie de vivre qui est très communicative.

Audrey, 40 ans

Je suis tellement émotive que je préfère faire passer mes messages par écrit que par oral. Des situations un peu conflictuelles, en apparence anodines, peuvent déclencher un tsunami interne : les larmes montent, se transforment en sanglots et me mettent dans l'incapacité d'aligner deux mots cohérents. C'est pourquoi je préfère communiquer par texto et mail que de vive voix. Cela donne parfois lieu à des situations familiales assez cocasses. Si j'ai quelque chose qui me tient à cœur à dire à un proche ou si je ressens un climat de tension, je suis capable de m'isoler dans une pièce et de dégainer mon téléphone pour écrire ce que j'ai à dire. Mes enfants et mon mari se moquent beaucoup de moi.

L'hypersensibilité est souvent vécue comme un handicap, mais nous oublions, cependant, la grande force de ces atypiques hypersensibles : l'intelligence émotionnelle. Leur sensibilité, leur intuition et leur empathie sont leurs atouts majeurs. Sans compter que l'hypersensibilité donne des variétés de saveurs et une multitude de couleurs à la vie. Comme nous nous le disons souvent, quand nous serons vieilles, nous pourrons dire que nous avons beaucoup pleuré dans notre vie et que nous avons beaucoup ri aussi !

Nous rêvons du jour où les cours d'intelligence émotionnelle et de méditation figureront dans l'emploi du temps scolaire de nos enfants.

Pendant longtemps, notre système a trop valorisé l'intelligence rationnelle et le fameux quotient intellectuel, laissant peu de place à l'intuition, à l'intelligence émotionnelle et relationnelle.

Daniel Goleman a popularisé l'intelligence émotionnelle dans les années quatre-vingt-dix. Il la décrit comme une vraie alliée et une ressource de développement sur les plans relationnel, professionnel, et sur la santé[1].

L'intelligence émotionnelle est l'habileté à percevoir et à exprimer les émotions, à les intégrer pour faciliter la pensée, à comprendre et à raisonner avec elles, ainsi qu'à les réguler chez soi et chez les autres.

1. Daniel Goleman, *L'Intelligence émotionnelle*, aux éditions J'ai Lu.

C'est être capable de reconnaître les émotions qui nous traversent et qui traversent les autres également. Savoir les nommer s'apprend. Nous pouvons utiliser une liste d'émotions qui aide à affiner le ressenti. Comprendre les émotions permet également de se mettre à la place de l'autre. Parfois, nous adoptons des comportements inadaptés parce que nous sommes submergés par la peur ou la colère. L'intelligence émotionnelle permet alors de comprendre que c'est la peur qui parle et que ce comportement ne définit pas la personne qui l'adopte.

Enfin, réguler et apprivoiser les émotions implique d'accueillir les émotions agréables et désagréables avec assez de distance. Être capable de les prendre pour ce qu'elles sont, c'est-à-dire un mouvement passager qui est différent de notre humeur. Comme nous le disons toujours, on peut être très heureux et ressentir de la tristesse parce que l'on vient d'apprendre une mauvaise nouvelle. Cette tristesse est passagère et s'inscrit dans un état général joyeux. Or, l'être humain et en particulier les hypersensibles ont tendance à donner plus d'importance aux émotions désagréables, leur laissant prendre toute la place dans la vie émotionnelle. Apprivoiser les émotions implique de les relativiser et de les inscrire dans un contexte plus large. Ce n'est pas parce que nous avons eu deux ou trois contrariétés dans une semaine que toute la semaine est fichue. Apprivoiser ses émotions, c'est aussi savoir savourer celles qui sont plaisantes et capitaliser sur elles pour en faire des leviers d'apprentissage et d'épanouissement.

★ Pratiquer des techniques psychocorporelles

Que ce soit la méditation, la relaxation, la sophrologie, l'hypnose, le yoga ou les massages, la pratique quotidienne d'une de ces techniques s'avère être d'une aide précieuse pour les atypiques. Les chercheurs montrent que les techniques de respiration consciente permettent de réguler l'impact physiologique des émotions. La pratique régulière diminue le taux de cortisol, qui est l'hormone du stress, et permet d'affronter plus sereinement les tracas du quotidien. Souffler les émotions permet de les apprivoiser. Toutes ces techniques favorisent l'attention et la concentration, aident à réguler et à apprivoiser les émotions, calment l'agressivité et augmentent le niveau de bien-être ressenti.

Il existe des méthodes très bien faites pour accompagner les enfants et les adolescents, dont vous pourrez retrouver les références dans la bibliographie à la fin de cet ouvrage.

Boîte à outils

Le scanner émotionnel

« Comment te sens-tu ? Où ressens-tu des tensions ? Peut-être une boule à l'estomac ? Des papillons dans le ventre ? La gorge serrée ? »
Une fois l'émotion localisée, nous pouvons commencer à l'identifier.
« Est-ce que je suis déçu de ne pas avoir réussi mon évaluation ? » ; « Est-ce que je suis en colère de me faire tout le temps réprimander ? » ; « Est-ce que je suis inquiet d'aller en colo avec des enfants que je ne connais pas ? »
Plus le vocabulaire émotionnel est riche en nuances, plus nous pouvons décharger l'émotion rapidement. Lorsque l'expression de l'émotion est juste, on peut alors pleurer, rire, crier et laisser notre corps se relâcher.
En tant qu'adultes, nous pouvons accompagner les enfants et les ados à enrichir l'expression de leurs émotions.

La bulle refuge

Parfois les enfants (et les adultes aussi d'ailleurs) sont envahis par leurs émotions. Cris, pleurs et grosse colère s'invitent à la maison. Pas de panique ! Plutôt que de vous énerver et d'essayer de raisonner votre enfant, invitez-le à s'isoler quelques instants. Cet isolement, loin d'être une punition, permet une isolation sensorielle qui favorise le retour au calme. Restez avec lui, sans parler si nécessaire. Vous pouvez aussi opter pour un gros câlin silencieux.

MON CORPS, MON AMI POUR LA VIE !

Notre corps n'est pas simplement le taxi de notre cerveau. C'est le seul que nous ayons, *a priori,* toute notre vie. Il est un partenaire essentiel dans l'apprentissage. La manière optimale pour en faire un allié est de donner à boire de l'eau à votre enfant régulièrement avant les devoirs et pendant le temps de travail. Autre élément indispensable à respecter : la qualité du sommeil. Quand notre corps se repose, notre cerveau mémorise efficacement les informations apprises. Les atypiques ont besoin d'une bonne hygiène de vie pour compenser les montagnes russes émotionnelles et énergétiques qui les traversent.

★ Dormir

Chez la majorité des atypiques, petits et grands, que nous rencontrons, les problèmes de sommeil sont un des troubles qui reviennent le plus souvent.
Difficulté d'endormissement, réveil nocturne, réveil aux aurores, sommeil léger et état d'hypervigilance sont autant de symptômes qui engendrent une grosse fatigue. À l'origine de ces symptômes, on retrouve :

- l'anxiété, les ruminations qui retardent l'endormissement, les terreurs nocturnes, les cauchemars ;
- la surcharge cognitive, le cerveau ne s'arrêtant jamais de penser et de traiter l'information ;
- l'hyperesthésie, une trop grande sensibilité aux bruits empêchant le lâcher prise. L'état d'hypervigilance empêche de plonger dans la phase de sommeil profond.

Le sommeil est important pour bien grandir mais aussi pour la mémorisation et la concentration. Le besoin de sommeil varie en fonction de l'âge des enfants et de leur tempérament. Cependant, un minimum de huit heures est nécessaire. Pour aider votre enfant à mieux dormir, mettez en place une routine apaisante au moment du coucher, misez sur les féculents (sans protéines) au repas du soir et investissez dans un spray anti-monstres pour les peurs nocturnes. Le yoga, la respiration et la musique sont aussi des aides précieuses.

★ Boire de l'eau et respirer

Savez-vous que dans le cerveau les neurones se connectent grâce à des réactions chimiques et électriques ? Or, l'eau est le meilleur conducteur de l'électricité. Pensez donc à donner régulièrement à boire à votre enfant, surtout pendant qu'il travaille. Privilégiez l'eau naturelle car les boissons sucrées fatiguent plus qu'elles ne dynamisent. Le cerveau est, par ailleurs, un gros consommateur d'oxygène. Pensez donc à aérer souvent la pièce pour renouveler l'apport en oxygène, notamment avant les devoirs. Un tour de pâté de maisons est aussi le bienvenu quand vous sentez que votre enfant commence à fatiguer.

★ Alimenter son cerveau

Le contenu de notre assiette est le carburant principal de notre cerveau, qui est un gros consommateur d'énergie. Ce dernier a besoin de sucres, de protéines, de vitamines, d'oligoéléments et de bons gras pour bien fonctionner et réguler l'humeur.

Il est aussi un organe gras composé principalement d'oméga 3 dont il a besoin pour assurer la neurotransmission, c'est-à-dire le passage d'une information d'un neurone à l'autre et la fabrication de nouvelles connexions. On retrouve les fameux oméga 3 dans les poissons gras tels que les sardines, le saumon et le foie de morue. Miam ! Pour les réfractaires au poisson, les graines de lin, l'huile de colza, de chanvre et les fruits à coques ont une bonne teneur en oméga 3, lesquels aident à réguler l'humeur et à lutter contre la dépression notamment.

La minute neuroscientifique

Il y a quelques années, la communauté scientifique a découvert que notre ventre contenait 200 millions de neurones qui concourent à notre digestion et sont en lien direct avec le cerveau. Notre intestin et les bactéries qui le composent participent à la transformation des aliments en nutriments et à la synthèse des vitamines et des hormones qui influent sur nos émotions et notre fonctionnement cognitif.
Les chercheurs ont découvert que les enfants ayant des symptômes de TDA/H ont souvent des carences en minéraux (zinc, magnésium et fer). L'apport de zinc sous forme de complément alimentaire a permis d'améliorer la situation de certains de ces enfants.
Et administrer du zinc[1] en complément d'un traitement médicamenteux (Ritaline®, Concerta®) permet d'obtenir de meilleurs résultats.

1. Arnold Le, DiSilvestro Ra., « Zinc in attention-deficit/hyperactivity disorder. » *J Child Adolesc Psychopharmacol.* Août 2005 ;15(4):619-627, 27.

Dans une étude, les chercheurs ont démontré qu'une supplémentation en magnésium entraînait une nette amélioration des symptômes du TDA/H ainsi qu'une réduction de la distractibilité[1]. Les aliments riches en magnésium sont les noix, les céréales non industrielles, le café, le cacao, le thé et tous les aliments riches en chlorophylle (tout ce qui est vert !).
Le cerveau a également besoin de protéines qui servent à fabriquer les neurotransmetteurs, et en particulier la dopamine et la sérotonine.
La sérotonine est l'hormone du calme et de la sérénité. On l'appelle aussi l'hormone du bonheur. Le déficit en sérotonine entraîne des troubles de l'humeur, du sommeil, de l'agressivité et/ou un état dépressif. Pour réguler le taux de sérotonine, il est bon de privilégier des aliments riches en tryptophanes[2]. On trouve les tryptophanes notamment dans les protéines : laitages, œufs, viandes, poissons, noix de cajou, soja, spiruline, amandes, cacahuètes… Les chercheurs conseillent de privilégier l'apport de protéines au petit déjeuner. Le soir, en revanche, les protéines seront remplacées par des végétaux et des glucides.
La dopamine est l'hormone de la motivation et du plaisir. Pour doper la production de dopamine, il est conseillé de manger des aliments riches en tyrosine, en fer et en antioxydants :
- protéines ;
- carottes, agrumes, asperges, brocolis ;

1. Starobrat-Hermelin et Kozielec, « The effects of magnesiumn physiological supplementation on hyperactivity in children with attention deficit hyperactivity disorder (ADHD). Positive response to magnesium oral loading test. » *Magnesium Research*, 1997;10:149–156.
2. Acide aminé favorisant la synthèse de sérotonine.

- poivrons, fraises, choux ;
- noix, graines, légumes verts.

La majorité des études scientifiques conclut que plus l'alimentation est industrielle et transformée, moins le cerveau y trouve ce dont il a besoin. Les produits industriels sont souvent surchargés en sucre.
Ils accélèrent l'oxydation des cellules et leur inflammation. Privilégions donc une alimentation naturelle, sans additifs et sans colorants.

★ Bouger

Nous le clamons depuis des années, on ne bouge pas assez à l'école et au travail. Passé la maternelle, où les enfants peuvent encore se déplacer à loisir dans la classe, les enfants se retrouvent, dès l'entrée au CP, assis sur une chaise pendant six heures par jour. C'est une hérésie pour la santé et pour les facultés cognitives. C'est aussi une catastrophe pour tous les enfants et adolescents « gigoteurs ». Bien que certains arrivent à contourner cette contrainte en multipliant les occasions acceptables de se lever (aller aux toilettes, transmettre des informations à d'autres classes, etc.), les autres finissent par se balancer sur leur chaise, « bavarder », « faire le pitre pour amuser la galerie », comme nous le lisons souvent dans les commentaires des enseignants. Or, la plupart du temps, ils ont juste besoin d'être en mouvement. Si l'on faisait en sorte que la journée scolaire soit moins statique et si l'on aménageait le temps et l'espace de classe, de sorte que les enfants puissent apprendre en mouvement, il y aurait moins de « zozos gigoteurs ». Les élèves seraient mieux concentrés, plus détendus et plus performants. Plus le corps est en mouvement, plus le cerveau crée des connexions nouvelles, plus la pensée est fluide. Par ailleurs, alterner des séquences assises avec des séquences en mouvement permet de réduire la sensation d'ennui et de difficulté face à l'effort.

Certains établissements, comme le lycée Charlemagne à Paris, l'ont bien compris et ont supprimé les chaises dans les classes. Les lycéens sont assis sur des swiss balls ou yoga balls, des gros ballons gonflables permettant d'être assis tout en offrant une mobilité au niveau du bassin. Les yoga balls détendent, délassent et mobilisent le corps en même temps qu'ils obligent à adopter une posture active.

★ Utiliser le Brain Gym®

Parmi les enseignants que nous formons en psychopédagogie positive, nous sommes ravies de constater que bon nombre ont intégré des mouvements de Brain Gym® dans leur classe, même au collège et au lycée. Le Brain Gym® est une pratique inventée dans les années quatre-vingt par le Dr Dennison. Selon lui, le mouvement est la clé de l'apprentissage.

Il a développé 26 exercices de gymnastique du cerveau inspirés de plusieurs pratiques psychocorporelles, comme le yoga ou la psychomotricité.

Les mouvements de Brain Gym® permettent de :

- mieux se concentrer ;
- rééduquer la vision binoculaire, l'équilibre, la coordination ;
- améliorer les aptitudes de lecture ;

- réduire le stress et calmer l'anxiété ;
- apprivoiser les émotions.

Nul besoin d'être un expert du Brain Gym® pour appliquer certains exercices comme le huit couché, le cross crawl, le déroulement des oreilles, le cook, etc. Il suffit de taper « mouvements de Brain Gym » dans votre moteur de recherche Internet pour obtenir toutes les explications et tutoriels gratuits. Avec cinq minutes de pratique en début de cours, avant les devoirs, avant le coucher ou le matin au réveil, les résultats ne tardent pas à être visibles. Le Brain Gym® est bénéfique pour tous les enfants et encore plus pour les Zatypiques.

Si l'enfant ou l'ado ne bénéficie pas à l'école d'une approche qui mise sur le corps en mouvement, il est primordial que les parents acceptent que leur enfant bouge à l'heure des devoirs. L'on peut très bien apprendre une leçon debout à côté du bureau, en marchant dans le salon ou dans le jardin. Quand l'enfant bloque, nous devons pouvoir lui proposer d'aller faire un tour à vélo, de sauter sur un trampoline (ou un lit), de faire le poirier ou de taper dans un sac de boxe. Bouger est un des meilleurs alliés de l'apprentissage et de la vie.

Que faire avec les enfants qui débordent d'énergie ? Selon une étude menée par Matthew Pontifex, chercheur de l'université du Michigan, quelques minutes d'exercice peuvent aider les enfants atteints d'un TDA/H à avoir de meilleurs résultats scolaires. L'étude[1] montre pour la première fois que les enfants atteints de TDA/H peuvent mieux éliminer les distractions et se concentrer sur une tâche après une seule séance

1. *Journal of Pediatrics*.

d'exercice. Les scientifiques disent qu'un tel « contrôle inhibiteur » est le principal défi auquel sont confrontées les personnes atteintes du désordre. « Cela fournit des preuves très précoces que l'exercice pourrait être un outil dans notre traitement non pharmaceutique du TDA/H ».

Pour les atypiques émotionnellement hyperréactifs et hyperactifs ou débordant d'énergie sans forcément souffrir d'un TDA/H, nous conseillons la pratique, dès le plus jeune âge, de sports individuels comme l'équitation, la natation, l'athlétisme ou la gymnastique. Ceux-ci permettent d'être en contact avec d'autres enfants sans toutefois être en compétition avec eux et sans se sentir submergé par trop d'interactions comme dans les sports collectifs.

Boîte à outils

Manipuler pour mieux apprendre

Nombreux sont les atypiques qui ont besoin de tripatouiller, triturer, bidouiller, en résumé : occuper leurs mains. Ce besoin est encore plus présent chez ceux qui présentent un trouble, TDA/H, autisme, dys-. C'est, entre autres, ce qu'on leur reproche à l'école. Ce besoin incessant de trifouiller dans leur trousse, de jouer avec leurs stylos, de les mâchouiller et de faire de l'origami avec leurs feuilles de cours. Ils se font taper sur les doigts et sont souvent condamnés à l'immobilité. Pourtant, il fut un temps, que les moins de 40 ans ne peuvent pas connaître, où nous manipulions des bûchettes pour apprendre à compter et où les cours de travaux manuels faisaient partie intégrante de l'enseignement. Aujourd'hui, manipuler est un besoin naturel qui a progressivement disparu de l'école. Or, manipuler permet de mieux apprendre. Et pour un atypique, occuper ses mains permet de mieux se concentrer et de faire baisser l'anxiété.

Il est donc nécessaire de fournir aux atypiques des choses pour occuper leurs mains et nourrir leur besoin de créativité : balle en mousse, pâte à modeler, ficelle avec des nœuds à défaire, petits papiers à plier, etc.

L'année dernière, nous avons participé à un super projet sur Kickstarter. Il s'agissait de concevoir un cube dont chaque face offrait un petit truc à bidouiller (interrupteur, roulement à billes, code de cadenas, etc.). Ce cube avait été pensé pour tous ceux, enfants et adultes, qui avaient besoin d'occuper leurs mains. Nous sommes heureuses de voir que ce Fidget Cube rencontre un franc succès et que des dérivés comme le Fidget Spinner envahissent les cours d'école et les bureaux. Espérons que les enseignants autoriseront les enfants à pouvoir utiliser ces aides en classe, sachant qu'ils sont quasiment silencieux.

Secouer ses membres pour redynamiser la pensée

Quand vous trouvez que votre enfant commence à fatiguer, a du mal à se concentrer et à tenir en place, il est temps de se secouer. Invitez-le à se mettre debout. Les bras en l'air, secouez les mains et les bras comme si vous vous disiez bonjour de loin. Faites-le de plus en plus vite. Faites la même chose en secouant les mains et les bras vers le sol. Puis secouez les jambes et les pieds comme les athlètes avant une course. Ces gestes simples permettent aux neurones de se reconnecter entre eux et redynamisent la pensée.

La danse et l'expression corporelle

Ces deux disciplines s'avèrent être des approches thérapeutiques pour toutes les personnes hypersensibles, EIP, TDA/H, autiste et dys-. L'expression corporelle et la danse aident à apprivoiser les émotions et à exprimer ses sentiments par le biais du corps. Danser libère le corps et l'énergie et engage le danseur à trouver sa voie (voix) d'expression. Le corps travaille l'âme qui s'exprime à travers le mouvement.
Béatrice Sauvageot[1], orthophoniste, utilise depuis des années la danse et l'expression corporelle comme approches de rééducation des troubles dys-.

1. https://www.puissancedys.org/

MESURES D'URGENCE

À enfant exceptionnel, mesures exceptionnelles. La vie des atypiques peut s'avérer chaotique. Parfois, rien ne va plus et c'est l'impasse. Voici deux mesures d'urgence pour permettre aux jeunes de reprendre leur souffle.

★ La trêve des devoirs

Ramenez-vous toujours du travail à la maison le soir pour prolonger avec joie votre journée de labeur ? C'est pourtant ce que nous demandons à nos enfants. Si cela est nécessaire à un entraînement des apprentissages, il faut parfois savoir proposer une trêve quand la crise des devoirs se prolonge sur plusieurs jours. Profitez-en pour partager un moment agréable ensemble. Un petit break permet de mieux repartir. Et n'oubliez pas que les enfants hypersensibles, avec dys- et avec TDA/H, sont très fatigables. Ils font beaucoup d'efforts dans la journée pour essayer de se conformer au moule. Du fait de leur pensée débordante et de leur hyperréaction aux stimuli, leur cerveau arrive à saturation à la fin de la journée.

★ La journée off

Lorsque nous sentons que la coupe est pleine et que nos enfants s'épuisent, se découragent, s'agacent… une opération « école buissonnière » s'impose. Organisez une journée sans école à vivre à deux, tranquillement, pour aller au cinéma, voir une exposition, se promener dans la nature, ne rien faire et savourer. Pas d'inquiétude, une journée off par an dans sa carrière d'écolier ne risque pas de compromettre son brillant parcours. En revanche, ce break va lui permettre de reprendre une respiration salutaire (à vous aussi, d'ailleurs).

VIVE LES ZATYPIQUES !

Cette lettre d'Hugues Aufray (chanteur et poète chevelu) est très touchante et devrait être lue à chaque rentrée des classes. Hugues Aufray est dyslexique et gaucher. À 11 ans, il avait accumulé beaucoup de retard scolaire. Il était en grande souffrance jusqu'au jour où un professeur d'équitation a remarqué ses aptitudes de cavalier. Hugues a repris confiance en lui et s'est mis à progresser aussi dans les autres apprentissages.
« Ce message s'adresse aux petits garçons et aux petites filles qui ont le sentiment d'être inférieurs aux autres, parce que simplement ils ont une tendance naturelle à inverser les signes…
Il faut leur dire et qu'ils sachent que l'on peut parler et raconter des histoires magnifiques sans savoir ni lire ni écrire… Il faut leur dire et qu'ils sachent que l'on peut jouer de la musique, chanter et danser, sans savoir déchiffrer le solfège…
Il faut leur dire et qu'ils sachent que dans certains pays on écrit de droite à gauche, dans d'autres, de gauche à droite ou de haut en bas… et que tout cela n'est que convention culturelle !
Ces petits garçons et petites filles que l'on appelle "dyslexiques", et qui ont de grandes difficultés pour

apprendre la technique de la lecture et de l'écriture, ont des qualités que les autres n'ont pas...
Ils mettront plus de temps à entrer dans le système de la Société qui les environne... mais pendant la période de ce dur apprentissage, ils auront acquis un regard très profond et ils sauront développer l'instinct qui permet de faire face aux réalités de la vie.
Il faut enfin qu'ils sachent qu'ils ne sont pas inférieurs aux autres, mais simplement et momentanément différents...
J'ai été un petit garçon qui a connu de telles difficultés... Je les ai surmontées avec le temps... et notamment grâce à des facultés d'adaptation à de nombreux sports, qui précisément ne demandent pas de connaître "lecture" et "écriture"... ainsi que par des disciplines artistiques...
Tout comme moi, ils réussiront sur le chemin qu'ils choisiront...
Enfin, je souhaite à tous les enfants qui auront mon message de ne jamais se décourager...
À tous affectueusement. »

★ Les atypiques célèbres

La liste est longue de tous ces Zatypiques qui ont réussi à mener une vie qui leur plaît, à apporter leur contribution au monde, chacun dans leur domaine, qu'il soit littéraire, scientifique, artistique, politique, entrepreneurial, sportif, social, etc.
Dys- célèbres : Léonard de Vinci, Albert Einstein, Jules Verne, Beethoven, Mozart, Picasso, Van Gogh, Churchill, Daniel Pennac, Henry Ford, John Fitzgerald Kennedy, Bill Gates, pour ne citer que ceux-là.

TDA/H célèbres : Usain Bolt, Michael Phelps, Jim Carrey, Justin Timberlake, Voltaire, Léonard de Vinci, Albert Einstein, Steve Jobs, Louis de Funès, Louis Pasteur…

★ Paroles d'atypiques

Sandra, enseignante en collège-lycée et maman de deux enfants atypiques

Se reconnecter : par les yeux, regarder les feuilles des arbres, le beau autour de moi, soigner ma peau, bien manger et faire du sport… des mini-trucs qui me font me sentir vivante et me permettent d'être juste bien. Et me dire un truc gentil le matin avant d'ouvrir les yeux, même tout petit mais doux.

Mikaël, banquier, tapissier, bricoleur

En famille : discuter, raconter, s'exprimer ! Il faut expliquer sa façon de voir les choses à sa famille. Cela permet de confirmer (ou non) le fait que nos parents, nos frères et sœurs acceptent notre façon de penser. Après, il faut aussi être intelligent et s'adapter à la personne en face de soi. Ce n'est pas parce que nous sommes atypiques que nous devons forcément avoir raison, ou voir les choses de la bonne manière. Il faut aussi accepter le regard de l'autre, et la critique. Ce qu'il ne faut pas accepter, c'est la toxicité.

En société : il n'y a pas de règles, mais il vaut mieux ne pas trop en parler. Après, tout dépend de si nos amis sont atypiques ou non.

Au travail : le travail, c'est le travail. Atypique ou non, si nous avons choisi un travail, nous devons bien le faire. Après, si nous avons la possibilité (ou le droit) de nous adapter en fonction de notre personnalité, c'est royal.

À l'école : les professeurs doivent absolument être au courant.

Dans la vie de tous les jours : FAIRE CE QU'ON AIME *!!! Et trouver un maître spirituel.*
La carapace est nécessaire pour les relations sociales ou professionnelles mais, derrière elle, un seul principe l'emporte sur tous les a priori et les usages communs : se fier à son instinct.

CONCLUSION

On nous a souvent demandé, pendant la rédaction de ce livre, quel en était le sujet. Et lorsque nous avons exposé la question des atypiques, une remarque est revenue régulièrement : « Mais en fait, nous sommes tous atypiques ! » S'il est vrai que nous sommes tous uniques, et en un seul exemplaire sur Terre, nous ne sommes pas pour autant tous atypiques. Nombreux sont ceux qui réussissent à tracer leur route sans dommage dans la vie. Leur sensibilité ne les bloque pas dans une avancée sereine et confiante en l'existence. Et c'est tant mieux !

Comme nous l'avons vu, tous les atypiques partagent une hypersensibilité très particulière qui colore leur vie autrement. Pas autrement mieux, ni autrement moins bien que les autres. Autrement, tout simplement ! Et il est largement temps aujourd'hui de considérer cet « autrement » comme un trésor et non plus comme un problème handicapant.

Élever des enfants atypiques peut être douloureux, inquiétant, fatigant, et même souvent énervant. Mais c'est une chance pour chaque parent. Car les Zatypiques nous permettent de nous remettre en question, d'en apprendre plus sur nous-même. Ils rendent la vie plus excitante, originale, intéressante, colorée et savoureuse car ils bousculent l'ordre établi et nous forcent à bouger.

Être atypique est fabuleux. Mais avant de pouvoir se le dire tous les jours, il faut souvent traverser des moments moins drôles car le regard des autres peut être parfois

lourd à porter, surtout quand on évolue dans un environnement très normatif.
À force de se sur-adapter pour rentrer dans des cases prédéfinies, ces enfants finissent par se consumer et leur flamme risque de s'éteindre.
Mais lorsqu'un atypique trouve une tribu d'amis, d'enseignants, de collègues ou une famille qui, à défaut de le comprendre complètement, l'accepte et l'aime tel qu'il est, tout peut changer.
Cela demande de la patience, de la douceur et de la joie.
Voyons l'atypisme plus comme une chance qu'un problème.
Affranchissons-nous des étiquettes : Jean de la lune, rêveur, hyperactif... qui ont pour seul effet de générer une faible estime de soi, et cultivons l'originalité.
Stoppons surtout la course à l'échalote de la performance. Les bonnes notes ne sont pas un curseur d'épanouissement. Il n'existe aucune corrélation fiable entre des bons résultats et un état de bien-être. C'est l'enfant qui doit aller bien, pas seulement ses notes !
Enseignons à nos enfants à se protéger des personnes trop toxiques. Apprenons-leur à utiliser leur hypersensibilité comme une ressource positive. Invitons-les à pratiquer régulièrement une activité qui permette de calmer le mental. Initions-les au bonheur, à la joie et à la gratitude. Devenons les alliés de nos enfants pour en faire des adultes bien dans leurs baskets.
Alors, apprenons-leur à contribuer au monde en étant eux-mêmes. C'est le plus beau cadeau que l'on puisse leur faire. Laissons-les briller et répétons-leur avec confiance : « Sois l'atypique que tu es ! »

ANNEXES

RESSOURCES, LIENS ET BIBLIOGRAPHIE

VIDÉOS

- C'est pas sorcier – Les troubles dys-
https://www.youtube.com/watch?v=7jaeNhjz2rQ

- Dyscalculie
http://www.allodocteurs.fr/actualite-sante-dyscalculie-un-handicap-qui-compte_2222.html

- Conférence TedX de Logan LaPlante qui ne va plus à l'école
https://www.youtube.com/watch?v=h11u3vtcpaY

ASSOCIATIONS

- Emma est une nouvelle association qui s'adresse à tous ceux qui souhaitent devenir des élèves comme les autres. L'objectif de l'association, parrainée par le Dr Olivier Revol, est de permettre que les enfants dys-, TDA/H, EIP, ou en grande souffrance à l'école puissent surmonter tous les défis et toutes les difficultés d'apprentissage. Pour les aider dans leur vie quotidienne, et soutenir leurs parents et leurs proches ; pour informer leurs médecins et leurs enseignants et permettre la détection et la prise en charge précoce de leurs différences ; pour leur apporter joie et bonheur durable, et les élever au-dessus des obstacles.
http://www.associationemma.com/WP/

• Fédération française des Dys, qui regroupe tous les troubles des apprentissages. Une mine d'informations essentielles.
http://www.ffdys.com

Dyslexie

• Association nationale d'associations d'adultes et de parents d'enfants dys
http://www.apedys.org

• Puissance Dys, association à but non lucratif et d'intérêt général, qui a été fondée par Béatrice Sauvageot avec la collaboration de Jean Métellus (docteur en neurologie et linguistique), a pour vocation d'aider tous les dys- à sortir de la spirale de l'échec... quels que soient leur âge, leur nationalité et leur origine sociale.
https://www.puissancedys.org/Home/view/fr/Puissance-Dys.html

Dyspraxie

• L'association Dyspraxie France Dys a pour but de favoriser par tous les moyens possibles la connaissance et la reconnaissance de la dyspraxie ainsi que le repérage, le dépistage, le diagnostic et l'accompagnement des personnes atteintes de dyspraxie (ou suspectées de l'être) avec des troubles éventuellement associés. Elle s'appuie pour ce faire sur sa structure nationale et ses structures locales.
http://www.dyspraxies.fr

• La Fédération Dyspraxique Mais Fantastique milite pour une communication large sur le handicap en général, sur la dyspraxie et les troubles dys- associés en particulier (dyslexie, dysorthographie, dyscalculie, dysgraphie, dysphasie, TDA/H), de façon à assurer la diffusion des

éléments de connaissance sur la dyspraxie et troubles associés auprès de la population mais également des organismes et institutions en charge de l'Éducation, de l'Emploi et de la Formation.
https://www.dyspraxie.info

• Le Cartable Fantastique est une association qui propose des ressources permettant de faciliter la scolarité des enfants en situation de handicap, et plus particulièrement dyspraxiques. Ces ressources naissent du croisement des regards de chercheurs en sciences cognitives et d'enseignants.
https://www.cartablefantastique.fr

Dysphasie

• Depuis sa création, en avril 1992, Avenir Dysphasie France et ses antennes régionales se préoccupent des enfants, des adolescents et des adultes souffrant de dysphasie.
http://www.dysphasie.org

• L'association Dysphasie + favorise une meilleure connaissance de la dysphasie, de la dyspraxie, des troubles primaires du langage, ou autres handicaps du même type (trouble du traitement auditif, trouble d'adaptation et/ou d'apprentissage et/ou de langage), et promouvoir, à tous les niveaux, les services d'aide aux personnes atteintes, leurs parents et leur entourage.
http://www.dysphasieplus.com

TDA-H

• L'association HyperSupers – TDA-H France est née d'un forum de discussion sur le Net, où les parents d'enfants diagnostiqués TDA/H ou en recherche de diagnostic ont cherché à mutualiser leurs compétences

éducatives et à sortir de leur isolement social. La plupart des parents vivaient de longues années d'errance médicale pour obtenir le diagnostic, suivie d'une tout aussi longue errance thérapeutique. Les jeunes étaient alors adolescents, un certain nombre d'entre eux étaient confrontés aux services sociaux qui menaçaient de les placer en famille d'accueil, les considérant comme mal éduqués, faute de diagnostic et/ou de prise en charge du trouble initial.
https://www.tdah-france.fr

Surdoués et Asperger

- Association nationale pour les Enfants Intellectuellement Précoces.
http://www.anpeip.org

- L'AFEP consacre ses activités aux enfants précoces dits surdoués ou *gifted children*, apporte son aide aux parents et aux enseignants pour mieux comprendre ces enfants, aide à prévenir l'échec scolaire et social auquel les enfants sont si souvent confrontés.
http://www.afep-asso.fr

- Le site et blog Les Tribulations d'un petit zèbre qui partage des tranches de vie d'une famille atypique, et des pistes (toutes personnelles) permettant de mieux comprendre ce qu'est le surdouement. Superbe site qui permet de comprendre la précocité de l'intérieur.
http://les-tribulations-dun-petit-zebre.com

BIBLIOGRAPHIE

Audrey Akoun et Isabelle Pailleau, *Apprendre autrement avec la pédagogie positive*, Eyrolles, 2013.

Audrey Akoun et Isabelle Pailleau, *Keep Calm et réussis tes exams*, Eyrolles, 2016.

Audrey Akoun, Philippe Boukobza et Isabelle Pailleau, *Apprendre avec le sketchnoting ; Comment ré-enchanter les manières d'apprendre*, Eyrolles, 2017.

Christophe Chauché, *Notre Meilleur Copain ; Comment expliquer la dysphasie aux enfants*, Tom Pousse, 2013.

Christophe Chauché, *Aide aux Dys ; concrètement, que faire ?*, Tom Pousse, 2017.

Marijke Van Vuure, *La Dyslexie, un vrai défi*, Josette Lyon, 2016.

Carol Valet et Carol Nelson, *SOS mon enfant est dys*, Hachette Pratique, 2017.

Olivier Rey et Annie Feyfant, *Évaluer pour (mieux) faire apprendre*, dossier de veille de l'IFÉ, n° 94, septembre 2014.

Tessa Kieboom, *Accompagner l'enfant surdoué*, De Boeck, 2011.

Jeanne Siaud-Facchin, *L'Enfant surdoué ; L'aider à grandir, l'aider à réussir*, Odile Jacob, 2012.

Nicolas Horschlaegger, *Les Griffures du zèbre ; De bac-2 à thésard, l'ascenseur scolaire était en panne, j'ai pris les escaliers de service*, Afnil, 2017.

Dr Olivier Revol, *On se calme ! Mieux vivre l'hyperactivité*, J'ai Lu, 2014.

Dr Olivier Revol, Roberta Poulin et Doris Perrodin, *100 idées pour accompagner les enfants à haut potentiel*, Tom Pousse, 2015.

Annick Vincent et Guy Falardeau, *Mon cerveau a besoin de lunettes*, Québec-Livres, 2017.

Daniel Tammet, *Je suis né un jour bleu*, J'ai Lu, 2009.

Alexandra Reynaud, *Asperger et fière de l'être ; Voyage au cœur d'un autisme pas comme les autres*, Eyrolles, 2017.

Elaine Aron, *The Highly Sensitive Child: Helping Our Children Thrive When the World Overwhelms Them*, 2002 (non traduit en français).

Marie Poulhalec, *12 outils pour capter l'attention des enfants*, Jouvence, 2017.

Daniel Goleman, *L'Intelligence émotionnelle*, J'ai Lu, 2014.

SITOGRAPHIE

- Méthode de méditation pour enfants et adultes. On adore !

www.petitbambou.com

- Annuaire francophone des praticiens en psychopédagogie positive

www.lafabriqueabonheurs.com/annuaire-francophone-des-psychopedagogues-en-pedagogie-positive/

- Notre site

www.lafabriqueabonheurs.com

- Le soutien scolaire autrement

www.lafabriqueareussites.com

REMERCIEMENTS

Ce livre germait en nous depuis des années grâce à nos merveilleux enfants. Nous en avons sept à nous deux. Ils ont entre 5 ans et 23 ans. C'est leur souffrance qui nous a obligées à nous poser les bonnes questions et à revenir sur notre propre histoire. Ce sont nos enfants qui nous ont poussées à apprendre encore et toujours plus pour trouver des solutions pour les aider. Nous avons le privilège de voir les six premiers devenir adultes. Ce sont des jeunes gens complètement atypiques, chacun dans leur style. Et bien qu'il y ait encore des passes difficiles, des phases de doute et des jours sans, ils sont l'exemple même qu'en tant que parents, il ne faut jamais désespérer. Merci, Camille, David, Antoine, Garance, Benjamin et Hannah.
Aaron est le petit dernier d'Audrey. Si nous pensions avoir fait le tour de la question des enfants atypiques, il vient nous bousculer dans nos certitudes et nous pousse à en apprendre encore davantage. Merci à ce petit OVNI.
Merci à nos fabuleux maris atypiques et aux pères de nos enfants. Votre soutien quotidien est le terreau généreux de l'éclosion de nos projets les plus farfelus.
Merci à Sophie Carquain, journaliste, écrivaine et militante, qui nous a donné l'impulsion d'écrire ce livre.
Merci à toute l'équipe des éditions Leduc.s, pour leur confiance, leur réactivité et la qualité de leur travail. Karine, Aurélie, Hélène, Caroline et Cécile, you rock girls !!!

Merci à tous les Zatypiques qui nous ont fait confiance en répondant à nos questions, en témoignant et en acceptant que leurs paroles soient inscrites dans ce livre. Notre reconnaissance est infinie.
Merci à notre Carole, notre bras droit et notre œil gauche. Sans toi, rien de tout ça ne serait possible. C'est toi qui tiens la boutique et tu as toute notre gratitude et notre confiance.
Merci à toutes et tous les psychopédagogues en pédagogie positive qui viennent se former à la Fabrique à Bonheurs. Les enfants et les familles ont beaucoup de chance de bénéficier de votre expertise et de votre bienveillance pétillante.
Merci à Béatrice de La Boulaye et à Florence Servan-Schreiber, qui vivent avec nous l'aventure complètement atypique de la Fabrique à Kifs, sur scène et sur les routes de France and beyond. Vous êtes nos sparkling ladies.
Merci à tous nos ami(e)s, racacailles, jogi-hypno-encadreurs/encadreuses, hypno-rav, atypiques, bizarres, farfelu(e)s, déjanté(e)s, engagé(e)s, fragiles, drôles, fidèles. La vie est plus joyeuse en votre compagnie.
Nous tenons à remercier tous nos patients petits et grands qui nous font confiance depuis quinze ans. Vos histoires, vos souffrances, vos réussites, vos questionnements existentiels et les fous rires partagés vous rendent tellement attachants. Comme nous nous le disons souvent, nous serions prêtes à payer pour avoir le privilège de faire certaines séances.

TABLE DES MATIÈRES

Cet ouvrage a été composé et mis en page
par Nord Compo à Villeneuve-d'Ascq

Imprimé en France par CPI
en septembre 2019
N° d'impression : 3035100

POCKET - 12, avenue d'Italie - 75627 Paris Cedex 13

S28520/01